U0885486

中国石油天然气集团公司统编培训教材

工程建设业务分册

国际工程建设项目
变更与索赔

《国际工程建设项目变更与索赔》编委会　编

石油工业出版社

内 容 提 要

本书以国际工程建设项目变更与索赔的处理流程为主线，论述了国际工程建设项目变更与索赔的基本含义、存在的问题与对策；详细分析了变更与索赔发生的原因和依据，说明了变更与索赔的组织和过程管理，变更中的主要因素分析和应用，变更与索赔材料的准备，以及索赔争议的最终解决途径等。本书通过国际工程建设项目实践中的真实案例，分析了国际工程建设项目的常见变更与索赔问题，并提出了处理建议和方法。

本书主要适用于从事国际工程建设项目的高级管理人员，特别是变更与索赔管理的专业人员学习和培训，也可作为相关人员的业务参考书。

图书在版编目（CIP）数据

国际工程建设项目变更与索赔 /《国际工程建设项目变更与索赔》编委会编 .—北京：石油工业出版社，2016.1
（中国石油天然气集团公司统编培训教材）
ISBN 978-7-5183-0725-8

Ⅰ. 国…
Ⅱ. 国…
Ⅲ. ①国际承包工程 – 工程变更②国际承包工程 – 索赔
Ⅳ. F752.68

中国版本图书馆 CIP 数据核字（2015）第 104015 号

出版发行：石油工业出版社
（北京安定门外安华里 2 区 1 号　100011）
网　址：www.petropub.com
编辑部：(010) 64523580
图书营销中心：(010) 64523633
经　　销：全国新华书店
印　　刷：北京中石油彩色印刷有限责任公司

2016 年 1 月第 1 版　2017 年 1 月第 2 次印刷
710 × 1000 毫米　开本：1/16　印张：9.5
字数：150 千字

定价：35.00 元
（如出现印装质量问题，我社图书营销中心负责调换）

《中国石油天然气集团公司统编培训教材》
编 审 委 员 会

《国际工程建设项目变更与索赔》
编　委　会

《国际工程建设项目变更与索赔》
编审人员

主　　编：姚长斌

执行主编：周　磊

副 主 编：唐燕青　霍　雷　刘明强

编写人员：王永春　赵晓光　王成蔚　奎　萌

　　　　　阚文英　裴冬艳

审定人员：王志强　王晓东

序

企业发展靠人才，人才发展靠培训。当前，集团公司正处在加快转变增长方式，调整产业结构，全面建设综合性国际能源公司的关键时期。做好“发展”、“转变”、“和谐”三件大事，更深更广参与全球竞争，实现全面协调可持续，特别是海外油气作业产量“半壁江山”的目标，人才是根本。培训工作作为影响集团公司人才发展水平和实力的重要因素，肩负着艰巨而繁重的战略任务和历史使命，面临着前所未有的发展机遇。健全和完善员工培训教材体系，是加强培训基础建设，推进培训战略性和国际化转型升级的重要举措，是提升公司人力资源开发整体能力的一项重要基础工作。

集团公司始终高度重视培训教材开发等人力资源开发基础建设工作，明确提出要“由专家制定大纲、按大纲选编教材、按教材开展培训”的目标和要求。2009 年以来，由人事部牵头，各部门和专业分公司参与，在分析优化公司现有部分专业培训教材、职业资格培训教材和培训课件的基础上，经反复研究论证，形成了比较系统、科学的教材编审目录、方案和编写计划，全面启动了《中国石油天然气集团公司统编培训教材》(以下简称“统编培训教材”)的开发和编审工作。“统编培训教材”以国内外知名专家学者、集团公司两级专家、现场管理技术骨干等力量为主体，充分发挥地区公司、研究院所、培训机构的作用，瞄准世界前沿及集团公司技术发展的最新进展，突出现场应用和实际操作，精心组织编写，由集团公司“统编培训教材”编审委员会审定，集团公司统一出版和发行。

根据集团公司员工队伍专业构成及业务布局，“统编培训教材”按“综合管理类、专业技术类、操作技能类、国际业务类”四类组织编写。综合管理类侧重中高级综合管理岗位员工的培训，具有石油石化管理特色的教材，以自编方式为主，行业适用或社会通用教材，可从社会选购，作为指定培训教材；专业技术类侧重中高级专业技术岗位员工的培训，是教材编审的主体，按照《专业培训教材开发目录及编审规划》逐套编审，循序推进，计划编审300余门；操作技能类以国家制定的操作工种技能鉴定培训教材为基础，侧重主体专业（主要工种）骨干岗位的培训；国际业务类侧重海外项目中外员工的培训。

“统编培训教材”具有以下特点：

一是前瞻性。教材充分吸收各业务领域当前及今后一个时期世界前沿理论、先进技术和领先标准，以及集团公司技术发展的最新进展，并将其转化为员工培训的知识和技能要求，具有较强的前瞻性。

二是系统性。教材由“统编培训教材”编审委员会统一编制开发规划，统一确定专业目录，统一组织编写与审定，避免内容交叉重叠，具有较强的系统性、规范性和科学性。

三是实用性。教材内容侧重现场应用和实际操作，既有应用理论，又有实际案例和操作规程要求，具有较高的实用价值。

四是权威性。由集团公司总部组织各个领域的技术和管理权威，集中编写教材，体现了教材的权威性。

五是专业性。不仅教材的组织按照业务领域，根据专业目录进行开发，且教材的内容更加注重专业特色，强调各业务领域自身发展的特色技术、特色经验和做法，也是对公司各业务领域知识和经验的一次集中梳理，符合知识管理的要求和方向。

经过多方共同努力，集团公司首批39门“统编培训教材”已按计划编审出版，与各企事业单位和广大员工见面了，将成为首批集团公司统一组织开发和编审的中高级管理、技术、技能骨干人员培训的基本教材。首批“统编培训教材”的出版发行，对于完善建立起与综合性国际能源公司形象和任务相适应的系列培训教材，推进集团公司培训的标准化、国际化建设，具有划时代意义。希望各企事业单位和广大石油员工用好、用活本套教材，为持续推进人才培训工程，激发员工创新活力和创造智慧，加快建设综合性国际能源公司发挥更大作用。

《中国石油天然气集团公司统编培训教材》

编审委员会

2011年4月18日

前 言

变更与索赔是国际工程建设项目中经常遇到的问题，业主与承包商虽然已经尽可能签订了一个内容详细的项目建设合同，但国际工程建设项目的复杂性、执行周期的长期性等，决定了业主和承包商在合同签订时确定的建设方案在实际项目执行过程中经常会发生变化，无论是基于概念设计或初步设计的不足，还是需求发生了新的改变，甚至在实施过程中受到了外界因素的影响，项目的实际执行难免会偏离原来合同条件，产生合同变更和索赔问题。可以说，合同变更与索赔贯穿整个国际工程建设项目的执行过程。

目前国内的工程建设企业普遍存在合同变更与索赔意识不强，相关的规章制度不健全，不能很好地利用合同或法律赋予的提出变更与索赔的权利维护自身合法权益的情况。而企业中专门从事合同管理的人员对变更与索赔的预警机制、处理依据、组织流程等问题也并非都能够有清晰、完整的认识。伴随我国建筑企业对“走出去”战略的贯彻和落实，越来越多的国内建筑企业走出国门，参与到国际工程建设市场激烈的竞争中，要在竞争中胜出，就必须熟悉国际市场规则，包括变更与索赔的规则。本书的编写人员均有着丰富的国际项目变更和索赔管理经验，在编写过程中注意理论与实际案例相结合，不仅从理论上对变更与索赔的产生与依据、原因分析、组织流程、处理方式等进行深入分析，而且结合亲身经历的案例，深入浅出地讲解了在变更与索赔管理中需要注意的问题。

本书共分八章，包括国际工程建设项目变更与索赔的含义、产生的原因，变更的主要因素，定性分析与定量计算方法，变更与索赔处理的组织与流程，对于索赔的反驳，索赔争议的解决方式以及相关案例分析等。

在“第一章绪论”中，详细说明了国际工程建设项目变更与索赔定义，以及国际上对变更与索赔的通用说法，并从四个方面归纳总结了变更与索赔工作对于实施国际工程建设项目的重大意义，我国承包商在国际工程建设项目变更与索赔中存在的主要问题，以及解决存在问题的几点建议。通过本章学习可以熟悉和掌握国际工程建设项目变更和索赔的基本知识。

在“第二章国际工程建设项目变更的产生和依据”中，详细介绍了国际工程建设项目变更的产生原因和产生依据。变更的主要类型大致可分为两类，一类是业主签发变更单，一类是承包商提出的变更。变更的依据可以分为合同上的依据和法律上的依据。通过本章学习，可以熟悉和掌握国际工程建设项目变更产生和依据的基本知识。

在“第三章国际工程建设项目变更的主要因素分析及实际应用”中，对国际工程建设项目变更发生的因素进行了分析介绍，分别对工期延误变更的主要因素和费用变更的主要因素进行了定性分析。通过本章学习，可以熟悉和掌握国际工程建设项目变更的主要因素分析方法。

在“第四章国际工程建设项目变更的组织和流程”中，详细介绍了国际工程建设项目变更的组织结构和组织机构图，变更组织机构中各职能部门的设立要求和工作内容，以及变更小组中人员的要求等。通过本章学习，可以熟悉和掌握国际工程建设项目变更的组织和流程的具体内容。

在“第五章国际工程建设项目索赔”中，详细介绍了国际工程建设项目变更与索赔二者之间的联系与区别，从索赔提起的原因、索赔的分类和索赔的依据等方面展开了详尽的论述。通过本章学习，可以熟悉和掌握变更与索赔的联系以及索赔的流程等具体内容。

在“第六章国际工程建设项目索赔的反驳”中，从合同、法律和其他三个方面详细论述了反驳国际工程建设项目索赔的依据，同时提出了反索赔的有效实施方法，包括预防索赔的发生以及索赔过程中的攻防等经验总结。通过本章学习，可以熟悉和掌握反索赔的具体内容。

在“第七章国际工程建设项目索赔争议的解决方式”中，详细说明了国际工程建设项目索赔争议的解决方式，具体可以分为非诉解决方式和涉诉解决方式，并介绍了涉诉解决方式中的仲裁和诉讼。通过本章学习，可以熟悉和掌握索赔争议解决阶段管理的具体内容。

在“第八章国际工程建设项目变更与索赔案例”中，通过国际工程建设项目实际的变更与索赔案例，评述了在处理变更和索赔时应关注的事项。通过本章学习，可以熟悉和掌握相关案例的具体内容。

本书第一章由阚文英完成，第二章由奎萌完成，第三章和第四章由王成蔚完成，第五章和第八章由赵晓光完成，第六章和第七章由王永春完成，周磊和裴冬艳撰写了前言；唐燕青、霍雷、刘明强分别对相应的章节进行了审稿，最后由姚长斌、周磊负责全书的统稿和修改工作。

由于编者水平有限，难免有错误和不足之处，恳请读者批评指正。

编者

2015 年 11 月

说　明

本教材可作为从事国际工程建设项目合同管理人员的培训教材，也适用于从事国际工程建设项目管理的人员学习之用。

根据培训的重点和要求，培训对象和学习深入程度：

（1）合同管理人员，包括公司总部机关从事合同和法律事务管理的人员；项目部从事合同和法律事务管理的人员。

应熟悉和掌握本教材的全部内容。

（2）公司总部非合同管理人员，包括公司总部领导人员；公司总部与国际工程建设项目有关的市场开发、投标报价和设计、采购、施工等相关管理人员。

应了解和熟悉本教材的全部内容。

（3）项目部非合同管理人员，包括项目部全体管理人员，包括领导人员；分包商人员。

应了解和熟悉本教材的全部内容。

目 录

第一章　绪　　论

第一节　概　　述

一、变更与索赔的含义

国际工程建设项目业主[1]通常在借鉴 FIDIC[2]，ICE[3]、JCT[4]、AIA[5]等国际工程通用合同文本的基础上，再结合本国习惯和工程本身的特点来编制适

[1]业主（Employer/Owner/Client）：或称雇主，是国际工程建设项目的发包人（招标人），国际工程承包合同的一方当事人。业主既可以是一国单独的政府部门、企业或某个国际组织等，也可以是一国或不同国家的各方联合体。

[2] FIDIC 是“国际咨询工程师联合会”法文首字母的缩写（Fédération Internationale Des Ingénieurs-Conseils）。国际咨询工程师联合会（以下均简称 FIDIC）于 1913 年在英国成立，目前有 60 多个国家和地区的成员协会，其秘书处位于瑞士的日内瓦。中国工程咨询协会于 1996 年 10 月加入 FIDIC，并获得在中国翻译出版 FIDIC 合同条件的授权。

[3] ICE 土木工程格式合同，由成立于 1818 年的英国土木工程师协会（Institution of Civil Engineers）制定，最初只有一个合同文本，后陆续出版了适用于不同类型工程项目需要的各种合同文本。

[4] JCT 标准合同，英国皇家建筑师学会（The Royal Institute of British Architects，RIBA）1902 年编制的《建筑合同条件标准格式》被称为 RIBA 合同范本，在国际房屋建筑工程界享有高度声誉。RIBA 合同条件的制订者同英国皇家特许测量师学会（RICS）、英国咨询工程师联合会以及地方当局负责人和分包商的代表组成了一个“合同审定联合会”（The Joint Contract Tribunal，JCT）。此后 RIBA 合同范本由合同审定联合会（JCT）修订出版，遂被称作 JCT 标准合同。

[5] AIA 系列合同条件，由成立于 1857 年的美国建筑师联合会（The American Institute of Architects）制定，AIA 自成立以来，一直致力于出版标准的工程项目设计和施工方面的合同文件。AIA 系列合同条件文件分为 A、B、C、D、F、G 系列。其中，A 系列是适用于业主和承包商之间的合同文件；B 系列是适用于业主和提供专业服务的建筑师之间的合同文件；C 系列是适用于建筑师与专业咨询顾问之间的合同文件；D 系列是适用于建筑师行业内部使用的文件；F 系列是财务管理报表；G 系列是工程项目管理表格。

合自己项目的合同文件。其中，变更（Variation）与索赔（Claim）的规定是合同文件中必不可少的内容，在 FIDIC，ICE、AIA 等合同条款中，均有对工程变更和索赔的详细定义和描述。

（一）变更

在《现代汉语词典》中“变更”是指改变、变动，即性质状态或情形和以前有所不同，更改、改变。

在《朗文当代英语辞典》中“变更”是指某事物的通常数量或形式的变化，某事物以不同于平常的方式被完成。

FIDIC 编制的《设计采购施工（EPC）/ 交钥匙工程合同条件》（简称 FIDIC 银皮书）第 1.1.6 条对“变更”的定义为：“变更”系指按照 FIDIC 银皮书第 13 条［变更和调整］的规定，经指示或批准作为变更的，对雇主要求或工程所做的任何更改。

国内行业对“工程变更”的定义，一般指监理工程师对合同工程或其任何部分的形式、数量或质量做出的变更。工程变更通常伴随着费用变化，变更的范围也非常广泛，如设计方案和施工方案的变更，工程量的增减，工程质量和工期要求的变动，建设规模和建设标准的调整，政府法律法规的发布或修改，合同条款的修改以及合同主体的变更等。

国际工程建设项目通常认为，“工程变更”是指在业主颁发接收证书之前的任何时间，通过发布指示或由承包商[1]提交变更建议书，经业主批准对合同原规定的工作范围、质量标准、实施顺序等内容进行的任何更改。概括地讲，变更是指工程项目实施过程中，由于各种主客观原因而导致的项目实际执行过程与合同签订时的工程状况相比发生了变化。根据 FIDIC 银皮书第 13.1 款对“变更权”的规定：在颁发工程接收证书前的任何时间，雇主可通过发布指示或要求承包商提交建议书的方式提出变更。

（二）索赔

在《现代汉语词典》中“索赔”的含义是指索取赔偿。

根据《朗文当代英语辞典》中对“索赔”的定义，索赔是指作为合法的所有者，根据自己的权利提出的有关某一资格、财产、金钱等方面的要求。

---

[1] 承包商（Contractor），即国际工程建设项目的承包人，国际工程承包合同的另一方当事人，也是国际工程分包合同的一方当事人。承包商一般为具有相应工程承包资质和经验的企业。承包商可以独立承包，也可以联合其他企业组成联合体（Joint Venture）共同承包，在承包商联合体中通常由一方作为领导者（Leader）。

在《牛津辞典》中，“索赔”是指要求承认其所有权或某种权利，或根据保险合同所要求的赔款。

美国建筑师学会编制的《业主与承包商标准协议书》（即 AIA 合同）则对索赔进行了如下定义：索赔是指数方中的一方提出投诉和要求，目的是维护一定的权利，使合同条件得到合理调整或进一步解释，使付款问题获得解决或工期能够延长，或使合同其他条款的争议得到裁决。

在英国学者伦纳德·弗莱彻等著的《英汉施工合同术语词典》中对索赔则基于一种相对狭义的理解，将其定义为：承包商要求业主给付他有权得到的追加付款或违约赔款。在这里，索赔系由承包商向业主提出，是一种单向行为或者权利。这一认识也构成了实践中对建设工程项目索赔的习惯性理解，即未加特殊说明的一般意义上的索赔单指承包商向业主提出的索赔。

国内工程建设项目，工程索赔是指在建设工程实施过程中，合同当事人一方因对方不履行或不完全履行约定的义务，或者由于对方的行为及无法防止的外因，造成对权利人的损失和延误，依据合同的有关规定，向另一方提出调整合同价格、调整合同工期或其他方面的合理要求，以弥补自己的损失，维护自身的合法权益的行为与权利。由于施工现场条件、气候条件的变化，施工进度、物价的变化，以及合同条款、规范、标准文件和施工图纸的变更、差异、延误等因素的影响，使得工程承包中不可避免地出现索赔，它是一种正常的经济补偿行为。

在国际工程建设项目实施过程中，工程索赔是一个含义比较宽泛的概念，一般是指在特定情况下提出一种主张、要求或者权利的诉求。因此，普遍意义上的索赔应该是一种要求取得本应属于自己的东西的行为，并以补偿自己损失为目的的一种权利要求。

为了论述方便，本书将变更与索赔的含义限定在一个相对狭窄的范围。即本书所称的“变更”是指合同签订后，因一方、双方或其他方原因，而在合同双方之间达成的所有与原合同规定的工程实施内容不一致的改变。就工程项目合同而言，合同变更包括对工期或合同金额有影响的变更（含正变更，即增加合同工期或合同金额的变更；负变更，即减少合同工期或合同金额的变更），也包括对此无影响的变更。工程建设项目的变更可以变更单、变更补充协议等形式体现，是业主和承包商之间协商达成一致的结果。工程建设项目的变更可以发生在工程项目实施的任何阶段。

本书所称的“索赔”，是指国际工程建设项目合同的一方当事人基于特定理由与事实请求对方对其做出一定赔偿或者补偿的权利要求。索赔，不仅仅是指国际工程建设中的施工索赔，而是包含了施工索赔及除此之外的与国际工程建设项目合同有关的任何索赔。

由于国际工程建设项目执行周期较长，合同执行过程中会不可避免地出现较多的变更和索赔。在国际工程中，若发生变更，则合同双方可按照合同中变更条款的约定来确定变更带来的工期和费用的影响。若双方对工期和费用达不成一致意见，业主仅仅支付和延长他认为合理的费用和工期，承包商就会对业主未能同意的部分再提出索赔要求，这种情况下，合同变更就转化成了合同变更的索赔问题。

本书对变更与索赔的论述将重点从承包商角度来阐述。

二、提升变更与索赔管理水平的意义

近几十年来，随着全球经济的不断发展，对国际工程建设服务的需求迅速扩大，在国际工程建设项目实施过程中产生的变更与索赔数量一直处于持续增长趋势，增长速度很快，索赔金额也越来越大，几乎每个大型工程都至少有十几甚至上百项变更或索赔问题，国际工程变更与索赔已越来越受到国际工程项目建设各参与方的高度重视，变更与索赔工作已成为承包商保护自身合法权益、获取利益的最佳途径。因此，如何正确处理好国际工程建设项目变更与索赔，对于提高我国对外承包企业的国际工程项目管理水平和增强国际市场竞争力有着深远的意义。归纳起来，有以下几个方面。

（一）做好变更与索赔工作是承包商提升国际化经营管理水平和国际竞争力的必由之路

承包商承揽国际工程项目的主要目的是获取经济收益，项目的经营管理也就围绕这一中心展开。在竞争激烈的国际工程承包市场中，承包商不可能以高额的利润率通过竞标方式中标，往往是通过微利来取得项目的经营承包权。在此前提下，承包商只有通过对项目实施有效的经营管理，特别是在工程项目实施过程中，通过做好项目的变更与索赔管理，实现项目的最终赢利目的。合同变更与索赔不仅是承包商综合管理能力的具体体现，同时对提高工程项目管理水平也起着重要的促进作用。因此，承包商就必须将“做好变更与索赔工作”作为其经营策略之一。在国际上，一些有经验的承包商都善于利用合同变更与索赔，以增加利润和提高竞争能力。

（二）做好变更与索赔工作是承包商防控风险和降低风险不利影响的有效途径

国际工程建设项目的实施过程中会隐含着各种各样的风险，如合同风险、经济风险、政治风险以及自然条件的风险等。首先，由于全球工程建设市场的投资主体呈现多元化趋势，在项目全生命周期内由多个分布在不同地域的组织参与，造成协调难度加大。国际工程项目建设参与方来自不同国家，其文化差异导致沟通难度加大，冲突更为频繁。各参与方目标不一致使得易产生矛盾，而信息不对称造成参与各方之间的层层信息壁垒。其次，国际工程项目一般投资巨大、建设周期长、空间跨度大、技术要求高、实施过程复杂。项目的复杂性、明显的阶段性和专业分工，使项目实施过程割裂问题严重，项目全生命周期统一的协调控制和优化困难，致使项目变更频繁发生；此外，还有国际工程建设项目所处的自然和社会环境（包括经济、政治、法律变化和技术等因素）中，随机因素多，不确定性明显。由于项目环境的动态性和开放性，使得国际工程越来越难于控制和管理，更使得项目风险进一步增大且难以识别和控制。

为了避免由于这些风险造成的亏损，同时争取盈利，我国国际承包商应善于识别风险，采用防范、规避、转移等手段预防风险造成的损失。一旦风险已造成损失，承包商应通过变更与索赔的途径将损失尽可能多的从业主方补偿回来。

（三）做好变更与索赔工作是承包商保护其合同权益的重要手段

在履行国际工程建设项目合同的过程中，合同双方均可利用合同赋予自己的权力，要求得到自己应得的利益。在国际工程项目管理中，承包商可以运用合同赋予自身的变更或索赔权利，对在履行合同义务时产生的额外支出提出合同变更或索赔主张。但由于国际工程项目建设市场的买方市场性质，在争取经济利益上，我国国际工程承包商总是处于相对被动的地位。因此，承包商只有加强变更与索赔方面的管理，通过索赔来减少经济上的损失，维护其合同权益。

（四）有利于培养出一批高水平的国际工程项目管理人才

由于国际工程变更与索赔工作具有综合性、复杂性和学科交叉性等特点，是一项涉及工程、技术、经济、金融、保险、贸易、管理、法律等领域，复杂而又系统性很强的工作，对承包商管理人员提出了很高的要求，它要求承包商管理人员不但要善于发现和把握变更与索赔机会，还要善于收集与整理合同变更与索赔的有关依据和资料，对合同中变更与索赔事项深刻理解，具备变更与索赔方面的专业知识和经验，能够充分理解招投标文件、设计文件、施工图纸、技术规范和业主、监理、承包商之间签订的合同协议以及各项往来性文件与相关法规，按照合同明示或默示的条款，及时、准确地处理合同变更与索赔工作。

因此，通过国际工程变更与索赔实践活动，有利于培养出一批高端复合型人才，不仅具有合同法律专业知识，还兼备工程技术背景的国际工程合同变更与索赔管理人员。同时，也有利于带动国际工程项目管理人才的培养。

第二节 变更与索赔存在的问题及对策

一、存在的问题

我国石油石化行业工程承包商自20世纪70年代末、80年代初开始进入国际工程建设承包市场，开展商务性经营。90年代，随着我国政府“走出去”战略的实施，我国对外工程承包取得了快速发展。经过30多年的历练，我国的国际承包商从无到有，从小到大，从施工承包到EPC总承包，所承揽的国际工程与实施国际工程承包合同的合同金额越来越高，工程规模越做越大，所承揽的大型国际工程建设项目也在逐年增多。但由于我国承包商进入国际市场发展时间短，经验不足，而国际工程建设项目涉及因素多，具有差异性大、风险高、呈多元化、协调面广、复杂程度高、易受政治因素和社会环境影响等特点，使得我国承包商在国际工程建设项目中无论是做总承包商还是分包商，在合同管理和索赔方面都有过许多教训，蒙受过巨额损失。究其原因，普遍存在着变更与索赔意识淡薄，不重视科学管理和决策，忽视合同管理和合同变更与索赔资料的积累，缺少专业的索赔人才，以及不重视现代信息技术在项目管理中的应用等问题。概括地说，我国承包商在国际工程建设项目变更与索赔管理中存在的问题有以下几个方面。

（一）变更与索赔意识薄弱

由于国际工程变更与索赔管理的复杂性高、难度大，变更与索赔在工程实施过程中的不确定因素和风险大等原因，合同变更与索赔工作一直是我国国际承包商项目管理中最为薄弱的环节。究其原因，一是由于历史客观原因，我国改革开放前处于计划经济体制下，国家对经济活动采取直接指令性行政管理，企业缺乏竞争力，没有自主性。而变更与索赔只有在市场经济条件下才会发生。二是由于我国承包商进入国际市场较晚，发展时间较短，还没有建立起完善的变更与索赔的理念。因此，造成了我国承包商对合同变更与索赔管理的重要性没有足够的认识，更没有引起应有的重视。

我国的承包商一直对变更与索赔存在主观上的错误认识，担心提出变更或索赔会损害与业主的关系，对变更与索赔讳莫如深。事实上，西方承包商认为，没有一项工程合同可以不发生变更或索赔而结束，变更与索赔完全是一种正当的权利要求，是在合同实施过程中的一项正常业务。有根有据、有理有节的变更与索赔要求并不是无端的争利，而是在正确履行合同基础上本应得到的合理偿付，合同双方均可利用合同赋予自己的权力，要求得到自己应得的利益，对在履行合同义务时产生的额外支出就应该提出变更与索赔。

只有牢固树立变更与索赔意识，抓住每一个变更或索赔的线索，并做好大量细致的基础工作，才能不丢失每一个重要的变更与索赔机会，并最终争取到变更与索赔的成功。

（二）变更与索赔实践经验总结积累较少，理论指导实践不够

由于我国承包商变更与索赔实践经验总结和积累不够，而且发展时间较短，造成了对变更与索赔工作认识上的不足。在过去的国际工程承包实践中，我国承包商由于在变更与索赔问题上处理不当，没有主动寻找和辨识变更与索赔机会，提不出有说服力的变更与索赔值计算方法，进而无法采取有效的变更与索赔对策，丧失了很多变更与索赔机会，不仅蒙受了巨大经济损失，而且也失去了合同变更与索赔经验积累的机会，更缺少对典型变更与索赔案例的资料收集、整理和分析，以及对变更与索赔经验和教训进行系统总结，致使变更与索赔理论研究远远落后于实际工作的需要。这种状况进一步影响和制约了我国国际化业务的拓展及其收益最大化的获取，而国际上一些著名的工程变更与索赔案例历来都是西方国际承包商进行类似工程变更与索赔时援引的有力证据。

（三）变更与索赔管理重视不够，只关注结果不关注过程

我国承包商，对进入国际工程建设市场承包工程，在项目执行前期并不注重对前期市场法制环境的调研与分析，以及投标报价阶段的合同法律风险

分析和防范。在项目执行过程中，只注重工程项目的进度、成本和质量控制等实际执行过程，不太关注变更与索赔的线索，忽视项目实施过程变化对项目的实际影响。实践证明，以项目结果为导向的变更与索赔管理是不可行的。

（四）缺乏国际工程变更与索赔管理专门人才

在国际工程建设项目中，合同管理本应处于非常重要的地位，只有合同管理得好才能够在合同监督和跟踪过程中发现更多的变更与索赔线索，从而更有效地为变更与索赔提供所需要的证据资料。国际工程建设项目变更与索赔工作由于其自身的特点，对国际工程建设项目变更与索赔的人才提出了非常高的要求，不仅要有良好的交际能力、优秀的外语口语能力，还要有坚实的合同法律和工程专业理论知识、丰富的工程实践经验及广博的知识结构等。而我国承包商由于不注重合同管理方面的工作，也不重视合同管理变更与索赔复合型人才的培养，造成了现阶段我国既懂合同管理，又懂法律，还要有工程项目实践背景及相关知识的复合型变更与索赔人才相对较少。

二、对策

国际工程建设项目变更与索赔贯穿于工程项目实施的整个过程，而变更与索赔更是一项融技术、经济、合同法律和管理于一体的工作。在国际工程项目实施过程中，要做好变更与索赔工作，必须要提高全员变更与索赔意识，熟练掌握国际竞争规则，认真熟悉合同文件，注重对合同法律专业人员的锻炼和培养，树立自上而下的变更与索赔意识观念，充分运用合同赋予的权利来维护自身的权益。相关对策主要体现在以下四个方面。

（一）建立全员变更与索赔理念

要做好变更与索赔工作，首先是承包商决策层或项目负责人要高度重视，全力支持变更与索赔工作，建立健全组织机构，成立相应的变更与索赔领导工作小组，组织、指导、协调和保障项目变更与索赔工作的实施和开展。公司决策层和项目负责人对变更与索赔工作的重视，其重视程度如何，将直接影响变更与索赔工作的成效；其次是要在全体项目人员中牢固树立变更与索赔意识。国际工程项目承包商，应把提高变更与索赔意识作为项目管理工作中的重要内容之一，尤其是负责处理合同变更与索赔的项目管理人员，要善于发现变更或索赔线索，及时提出变更或索赔。

（二）及时总结和积累变更与索赔实践经验

国际工程项目建设中，变更与索赔是一种保护自己、避免损失、增加利润的重要手段。因此，承包商应注重变更与索赔资料的日常积累，主动寻找和辨识变更与索赔线索，及时把握准变更与索赔机会，做好证据收集整理，及时递交书面变更与索赔文件，跟踪处理变更与索赔，并善于学习和总结变更与索赔工作经验，提高变更与索赔的技巧，讲求变更与索赔策略，从而提高变更与索赔的成功几率，切实维护自身的合法权益。

（三）持续改进和提升变更与索赔管理工作，注重项目全过程管理

变更与索赔是国际工程项目管理中的一个重要组成部分，贯穿于工程项目实施的整个过程，在整个项目生命周期内，变更与索赔时刻存在着。因此，要做好变更与索赔工作，就要着重从发起端关注，时刻关注，注重项目的全过程管理。

1. 在项目前期，要做好法制环境调研工作

在进入目标市场国前，要对目标市场国有关制约外国投资、外国企业（自然人）的市场准入和在一定行业开展经营活动及相关活动的法律法规所构成的整体法律环境进行调研。调研的内容包括但不限于：

（1）法律体系及其框架结构；

（2）有关制约外资和市场准入问题；

（3）公司进入该市场的经营形式问题；

（4）公司在该国开展合法经营所涉及的各类问题，包括注册、证照、相关许可、行业限制、外汇、进出口、劳动、保险和税收等方面的法律规定；

（5）该国和中国共同加入的国际组织、国际公约；

（6）该国和中国政府间的双边条约和（或）协定等。

通过前期法制环境和市场环境调研，可以有效规避企业以何种形式进入新市场国，以及人员出入、设备材料出入、劳务签证政策、当地劳务配比要求、人力供应及价格、分包商资源、施工机具设备以及原材料资源及价格、法律环境、财税、运输状况、清关状况及市场情况、安全环保等方面的风险，为下一步投标报价阶段的合同法律风险评估、报价策略，以及项目合法经营提供充分的法律分析和评价依据。

2. 在投标阶段，要做好合同的分析研究、审查和对策工作

在项目投标报价阶段，以及与业主签订主合同前，应仔细研究合同条款，

在合同中明确规定业主与承包商分担风险的范围和责任，争取签订合理的合同条款，力争防范各种潜在的风险。对合同双方责任和权利及其关系、合同条款之间的联系，以及合同实施的后果进行分析，找出合同中条款的缺陷、不足之处和逻辑上的矛盾，以及违约所带来的法律责任等。在投标阶段发现的合同问题，如总价包干合同中工程量表漏项或某些工程量偏少，或某些问题含糊不清、某些合同条件或规范要求过于苛刻或不合理，需要提出合同偏离的事项，这些情况必须在投标过程中及时质询，书面澄清，争取在合同谈判时能够签订有效避免和转移风险的合同条款，以便在合同实施阶段使自身处于比较有利的地位。

3. 注重项目执行阶段的合同管理和变更索赔信息的收集

在项目实施阶段，承包商应注重对项目各级管理人员进行合同交底工作，使各级管理人员熟悉合同主要内容、各种规定及要求、管理程序，了解作为总承包商的合同责任、工程范围以及法律责任。

涉及工程变更与索赔的主要条款，大都包含在合同通用条款中，如工程范围变更、施工条件变更、工期延长、单价变更、物价上涨、汇率调整等，承包商人员对这些条款的含义要研究透彻，做到熟练运用，以证明变更与索赔要求的合理性，同时要注重变更与索赔资料的日常积累。在充分了解上述合同文件的基础上，承包商还要了解和熟悉工程项目所在国的法律规定，从中寻找变更与索赔的法律依据。国外法律环境的变化主要集中在物资和人员出入境、经营许可证、税务、劳动用工、环境保护等方面，原因是相关国家对资源的开采和利用开始征收重税、收紧外国劳动用工指标的发放和出入境政策、加强环境保护等；另外，有些国家的政治环境一旦发生改变，法律环境也随之发生变化，不确定性增加。凡是所在国的法律、命令、规定中允许承包商变更与索赔的条文，都可引用以证明自己的变更与索赔权，一旦变更与索赔问题发生，就可以找到合理的依据来进行变更与索赔，从而使变更与索赔获得成功。

通过持续改进和提升变更与索赔管理工作，最大限度地削减对自身的不利影响，追求利益上的平衡。

4. 做好合同关闭阶段的相关工作

工程承包合同履行完毕进入合同关闭阶段，应从合法性、合约性、合规性、及时性和书面性等 5 个方面，逐项做好各项收尾工作，对合同是否具备关闭条件进行审查，保证合同关闭工作的顺利完成。对符合关闭条件的合同及时关闭，对合同履行期届满，但未能关闭的合同，及时处理和跟踪遗留的变更与索赔问题，确保相关工程项目在合同结束时不留任何后患。

（四）注重国际工程合同与索赔管理人才的培养

国际工程建设项目变更与索赔工作，需要有熟练掌握变更与索赔谈判技巧的人才。项目变更与索赔管理人员的谈判能力对变更与索赔的成功影响很大，除必须熟悉合同规范、当地的法律法规等文件外，在进行变更与索赔谈判时还应注意的是，谈判应严格按照合同条件的规定进行，做到有理有据；谈判时要保持冷静，以理服人，并具有一定的灵活性，使谈判留有余地；谈判前要做好充分准备，有明确的目标；善于采纳对方意见，在坚持原则的基础上可以做出适当的让步，努力寻求双方都能接受的方案等。因此，建议多岗位轮换培养高端复合型的变更与索赔人才。

第二章　国际工程建设项目变更的产生和依据

第一节　变更的产生

一、变更产生的原因

由于国际工程建设项目执行周期长，不确定因素多，因此合同的不可预见性非常强。业主作为投资方，考虑更多的是其投资之后的回报。因此，业主会时刻关注工程建设的进度、施工等方面对其投资的最终影响。一旦在工程建设过程中发现有影响该项投资回报率的因素，比如工程设计图纸改进、工作范围变化等，就会向承包商发出变更指令更改施工设计的要求、增加或减少相应的工作内容等。这些都是合同变更的具体表现。国际工程建设项目变更产生的原因主要有以下几个方面。

（一）合同一方要求

在颁发临时验收证书之前，业主可通过发布变更令的方式向承包商提出变更。通常，在国际工程建设项目总承包合同中，会赋予业主提出变更的权利，承包商应遵守并执行业主提出的每项变更令。业主的变更令是国际工程建设项目最主要也是最常见的变更原因之一。相应的，承包商也有提出合同变更的请求，通常承包商通过向业主提出变更建议书的方式提出变更，承包商提出的变更建议书里通常附有相应的支持文件，包括工作范围的变化内容、对于项目工期和成本的影响等，该变更建议书经业主批准后，即转换为正式的合同变更。

（二）项目实施条件的偏离

在项目实施过程中，会出现由于各种条件的变化而导致的合同变更。例如，设计偏差造成的变更，包括因修正设计图纸中的错误、漏项和改变结构、增减单项工程致使施工单位增减费用，以及为优化设计、方便施工发生的变更等：

（1）现场实际施工环境与设计图纸不符。主要表现为地质情况的差异、地面横断面的变化以及分项工程数量差等。通常国际工程建设项目的基础设计由业主负责，详细设计由承包商负责。如果地勘数据不准确或业主的基础设计数据有误，则会造成承包商的详细设计图纸与实际施工环境有偏差，一旦在施工中发现了地质情况与图纸不符的情形，则承包商即可向业主提出设计变更申请。

（2）业主基于质量、安全、造价、竣工后使用等原因而要求增减的工程项目，以及为满足环保需求而增设的工程。近年来，环境保护为越来越多的国家所重视。在国际工程建设项目领域，特别是能源类建设项目中，增设了大量的环保装置。曾经在中亚某国的一个天然气压缩机站项目中，设计图纸中设计使用的是普通压缩机，在项目合同签订后，业主发现当地环境保护法律规定要求在能源类建设项目中使用环保型压缩机，于是为了满足当地环保法律的要求，业主只得放弃使用低成本的普通型压缩机，并与承包商签订变更协议，将普通压缩机更换为环保型压缩机，并支付为此而增加的数百万美元的费用。

（3）应地方政府要求需增设的工程。例如在中亚某国，承包商已根据业主图纸选定了建厂的工作区域并开始了一些建厂的准备工作，而当地吉普赛人认为承包商侵占了他们的领地，于是强行占领了该区域并拒绝搬离。于是，承包商的建厂工作不得不暂停。经过业主与当地政府的沟通，当地政府另批了一块新地作为承包商的建厂用地。于是，承包商要将厂址整体搬移至 10 千米以外的地方，厂址搬迁必然导致了工期的延长，相应的，涉及厂址搬迁发生的工期延长及成本增加将通过合同变更的方式由业主承担。

由于国际工程建设项目建设周期较长，且设计、采购、施工等环节中不可确定性因素较多，因此，承包商应及时将未来可能对工作造成不利影响、增加合同价格、延误工程施工的事件或情况，向业主发出通知。同时，业主也可以要求承包商提交一份未来时间预期影响的估算，包括提交建议书等。

如果业主认为承包商的理由充分，就会根据承包商提出的建议对进度计划做出调整，那么该调整就构成了一项变更。

（三）错误与遗漏

由于国际工程建设项目的合同文本动辄上百页，加之数量众多的附件与图纸，因此，其中难免会有书写错误或遗漏部分。承包商可以通过合同去发现和创造让业主发布变更令的机会，比较常见的就是寻找错误与遗漏。例如，在设计图纸中存在的某项工作内容，在工程量清单中却遗漏了，承包商可以就此向业主提出变更建议书，而且这种变更建议书被业主接受的可能将会非常大。

（四）不可抗力

不可抗力是指不能预见、不能避免并不能克服的客观情况。不可抗力主要包括以下几种情形：一是自然灾害，如台风、洪水、地震等；二是政府行为，如征收、征用等；三是社会异常事件，如罢工、骚乱等。发生不可抗力事故后，承包商应按国际工程建设项目合同中约定的处理方式及时进行处理。不可抗力的后果通常有两种：一种是解除合同，另一种是延期履行合同。世界各国法律对于不可抗力的定义不尽相同，通常由业主和承包商在国际工程建设项目主合同中对不可抗力进行定义，同时采取例举的方式列明属于本合同项下不可抗力的种类。根据国际惯例，如国际工程建设项目实施过程中，发生了不可抗力因素而导致延期履行合同，致使项目工期延长，承包商可以获得项目工期延长的权利。

（五）法律法规变化

由于国际工程建设项目合同签订后项目所在国的法律法规发生变化，给承包商带来工期或成本变化而产生的变更，通常由承包商向业主提出变更建议书，业主批准后构成一项合同变更。法律法规包括工程项目合同规定适用的国家的所有相关法律、法规、法令，以及该国参加的国际条约或适用的国际惯例等。国家政策是否可以作为变更的理由应依据国际工程建设项目合同中的约定，如果没有明确约定，承包商也可试着向业主提出。如果法律法规的变化影响了工程费用和工期，承包商可以以提出变更建议书的形式要求业主增加合同金额和延长合同工期。以中亚某国为例，该国每年颁发数以百计的总统令，内容遍及国家政治经济生活的各个领域。曾经某个关于限制签发外国人工作签证的总统令，就导致承包商的很多管理人员不能前往该国工作，从而给承包商的工程项目执行造成了相当多的不便。由此所造成的工程建设项目工期的延长，承包商可通过向业主提出变更建议书的方式实现合同变更。

（六）费用波动

FIDIC 银皮书第 13 条变更与调整项下第 13.8 款，规定了因费用波动而引起的调整。银皮书规定：如果合同价格因劳务、物品以及工程其他投入的费用波动而进行调整，则应在专有条件中予以规定。

市场经济下，物价的波动是一种正常现象。承包商可以在和业主签订国际工程建设项目合同时，要求在合同中增加费用波动条款，规定在基准日期之后，某些重要的材料、设备、劳工等的价格出现大幅波动，便可根据费用波动条款给出的调价公式调整中标合同款项，这也是目前通行的做法，体现了在业主和承包商之间分摊风险的原则。

二、变更的主要类型

根据变更发起者的不同，可以分为业主提出的变更和承包商提出的变更；根据变更原因的分类，可以分为工作范围变更和实施条件变更。下面根据变更的不同分类，分别进行阐述。

（一）根据变更的发起者不同，可以分为业主提出的变更和承包商提出的变更

1. 业主提出的变更

业主或业主的工程师在业主授权范围内根据施工现场的实际情况，在需要时有权直接发布变更指令，说明详细的变更内容，并要求承包商根据指令实施变更。除了承包商说明自己无法实施变更的情况外，承包商都应当遵守业主的指令。如果业主指示承包商进行变更工作，通常会补偿承包商相应的费用并给予相应的工期延长。例如，通常施工用的铁质容器上一般涂上一层防锈油漆即可，而业主要求在施工时再增加一层防火材质的油漆，这样一来，在工序上就先要涂好防锈油及加上相互胶着的界面油，最后才可以涂上防火材质的油漆。很明显，这样做就会增加成本和延长工期。一旦这样的情况发生，通常业主会直接发布变更令，同时在变更令中对所增加的工作范围进行详细描述并给予承包商相应的费用补偿。

2. 承包商提出的变更

承包商可以通过向业主提出变更建议书的方式申请变更。通常，当发生了承包商认为可以构成一项变更申请的事项时，承包商可以向业主递交一份

书面变更建议书，说明提出变更的原因，并在变更建议书中说明变更工作的实施方法和计划、由于变更所导致的工程总体进度计划进行的调整，以及对变更的费用估算等。业主收到承包商的变更建议书后，经审查变更建议书之后可能接受，也可能认为变更建议书不合理而拒绝，也可能提出自己的意见要求承包商修改变更建议书。承包商须注意的是，在业主给出正式的答复之前应正常进行工作，不能停下来等待变更命令。

变更多数情况下意味着业主要为新增加的工作买单，而这往往是业主所不愿意看到的情形。某些时候，业主希望变更工程却不希望为此多支付合同价款，而此时承包商就需要通过合理的技巧来创造变更机会，并得到相应的补偿。通常，承包商可以通过寻找漏项或者工程项目所在国立法变化或者物价波动为由等方式，要求业主对合同进行变更。承包商要在平时工作过程中，注意收集与合同变更有关的记录文件，比如与业主的往来信函、传真或会议纪要等，一旦与业主就合同变更问题发生争议，这些过程记录文件可能会成为日后解决争议的重要证据。

合同变更在国际工程建设项目施工中是司空见惯的事情，业主或承包商都无法在签约之前把所有问题考虑得尽善尽美，关键是承包商要善于发现并抓住机会，灵活运用，积少成多，从而为己方争取到最佳经济效益。

（二）根据变更原因的不同，可以分为工作范围变更和实施条件变更

1. 工作范围变更

工作范围变更主要是指国际工程建设项目合同签订后，工作范围发生变化而引起的变更。国际工程建设项目合同签订后，工作范围如发生变化，则会导致工作范围引起的合同变更。具体包括设计变更、施工方案变更等。

曾经在非洲某国执行的一项工程建设过程中，按照合同规定的工期，承包商应于 2014 年 1 月 22 日开始现场搅拌混凝土。因承包商的混凝土搅拌设备迟迟无法运抵施工现场，承包商决定使用商品混凝土，但被业主否决。经查阅工程建设总承包合同，合同中未注明使用何种混凝土。承包商遵照业主指示，等待混凝土搅拌设备进场，由此导致了项目施工现场窝工，项目的工期受到了一定程度的影响。于是，承包商向业主提出工期和费用的索赔。而业主以以下两点理由否决了承包商的索赔请求：一是业主批准的施工进度计划中规定承包商现场搅拌混凝土，承包商应遵守；二是混凝土搅拌设备迟迟无法运抵现场是承包商的责任，无权向业主提出索赔。最终争议被提交至调

解人。调解人认为：因合同中未明确规定一定要用现场搅拌的混凝土，因此商品混凝土若符合合同规定的质量标准也可以使用，不必经过业主审批。按照惯例，实施工程的方法由承包商负责，承包商可在不影响或为了更好的保证合同的前提下，可以选择更为合理的施工方案，业主不得随便干预。业主拒绝承包商使用商品混凝土，是一个变更指令，对此可以进行工期和费用索赔，该索赔在合同有效期内提出，承包商有权获得工期和费用的补偿。

2. 实施条件变更

实施条件变更是指国际工程建设项目实施的各类条件发生变化而引起的变更，例如设计变化、地质条件变化等。

曾经在中亚某国的石油工程建设项目中，业主的地质勘查报告中没有就特殊地质条件做出说明。当承包商开展地基处理工程时，发现当地的土质是湿陷性黄土。湿陷性黄土是在上覆土层自重应力作用下，或者在自重应力和附加应力共同作用下，因浸水后土的结构破坏而发生显著附加变形的土，属于特殊土。根据惯例，在湿陷性黄土地基上进行工程建设时，必须考虑因地基湿陷引起附加沉降对工程可能造成的危害，选择适宜的地基处理方法，避免或消除地基的湿陷或因少量湿陷所造成的危害。因此，承包商就湿陷性黄土向业主提出变更建议书，最后得到了业主的批准，承包商获得了额外的费用补偿。

第二节　变更的依据

如前文所述，变更分为业主提起的变更与承包商提起的变更，当业主通过发布变更令的方式提出变更时，承包商当然无须寻找变更的依据。本节接下来所陈述的变更依据主要是针对承包商提起的变更，即承包商可以通过哪些依据怎样向业主提出变更。

变更的依据主要有合同依据、法律依据等，其中，建立在变更事实基础上的合同依据和法律依据是变更最重要、最基础的依据。

一、合同依据

变更管理是国际工程建设项目合同管理工作中的主要内容之一，同时变更条款也是合同条件中必不可少的重要条款之一。从合同中寻找变更的依据是对承包商最简便、最有利和最直接的方式。在合同中订立过程中，通过与业主协商出一个较为公平合理的变更条款，是对业主和承包商双方都有利的做法，也是将来避免争端的重要手段。

（一）变更条款的约定

国际工程建设项目合同中，通常会对合同的变更进行约定。有些合同约定了只有业主有提出变更的权利，而有些合同则规定了合同双方均有提出变更的权利。在合同订立之初，某些承包商为了尽早签订合同拿到合同预付款，而忽略了与业主之间对合同条款进行谈判，在工程项目执行过程中，当承包商希望从合同条款中找到能够支持己方提出变更的依据时才后悔不已。如果在合同订立之初，承包商就能够与业主协商一个较为合理的变更条款，则对于项目执行中承包商向业主提出变更就提供了较为有利的依据。

例如，中亚某国天然气处理厂项目的主合同中双方约定了如下条款：合同的所有变更、增补或修订只有在注明执行日期，明确与合同相关并由合同双方正式授权代表签字后方可生效。一旦满足上述要求，本合同的该类增补都成为本合同不可分割的一部分。这就是一个典型的约定了合同双方均有权提出变更的合同条款。

再如，在中东某国的原油管线项目合同中约定了如下条款：业主或承包商均有权利提出合同变更的请求。承包商有权向业主提出，要求对合同相关内容进行改变的书面请求，该变更要求经业主同意并签字后，即转换为合同变更。

通过上述两个例子可以看出，这两个合同都赋予了承包商在工程建设项目执行过程中向业主提出变更的权利，换句话说，如果一旦发生会影响项目工期或成本的情况，承包商就可以向业主申请变更，从而得到工期或费用的补偿。

在国际工程建设项目变更的依据中，合同依据是最基础、也是最重要的依据，合同双方如果能够在合同中约定一个比较好的变更条款，则对于后续变更工作的开展就十分有利。如果在合同谈判过程中，业主态度十分强硬，承包商无法为己方在合同中争取到提出变更的权利，承包商也不必气馁，在合同执行过程中还可以通过变更建议书的方式向业主申请变更。

（二）变更建议书

如果在国际工程建设项目合同中，双方没有约定变更条款，或者合同只赋予了业主提出变更的权利，并未给予承包商对等的权利，在项目执行过程中，承包商仍然可以通过向业主提起变更建议书的方式申请变更，当然，如果业主批准了该变更建议书则变更成立，反之则变更不成立。

在签发临时验收证书之前，承包商可以通过提交变更建议书的方式提出变更。变更建议书中通常要详细列明变更的原因、所涉及的工作范围以及对项目工期及成本的影响，关于费用部分，最好有准确的计算数据，涉及工作范围及成本变化的数据要翔实有力，且要具有很强的说服力，否则该变更申请书很难被业主批准通过。

由于合同工作范围发生增减、合同适用的技术标准规范要求发生改变等产生的变更，通常是承包商可以向业主提出变更建议书的有力理由。例如，在非洲某国某500万吨炼油厂项目执行过程中，设计图纸设计了加氢装置、延迟焦化装置、催化重整装置等，在项目建设过程中，发现原油中钙离子和铁离子的含量过高，因此需要增加一套脱铁钙装置，但合同工作范围中并没有这部分内容，由于工作范围的增加，承包商随即向业主递交了正式的书面变更申请，并在申请中阐明了提出变更的原因，并指出了变更的时间、范围和与业主相关联的费用。业主在收到变更申请后，一开始并不愿意接受承包商提出的变更申请，但考虑到确实增加了承包商的工作范围，而这部分工作对于项目主体工程又具有较为重要的作用，于是经过与承包商的几轮谈判，最终决定接受承包商提出的变更申请。可见，基于事实基础发生的变更，虽然业主并不乐意接受，但如果承包商有理有据，则业主也会给予承包商相应的费用补偿。

二、法律依据

作为国际工程建设项目的承包商，了解并运用一些项目所在国法律法规或国际公约也是十分必要的。通常在项目投标初期，承包商便开始寻找工程建设领域的国际知名律师事务所，同时依托项目所在国当地的律师事务所，一起做好当地法律法规的调研工作，在与律师充分沟通，了解并熟悉项目所在国与工程相关的法律基础之上，总结出在当地开展合法经营所应具备的各项条件，为今后项目顺利开展打下良好的基础。

涉及项目执行过程中发生的变更问题，承包商在向业主发起变更申请时，除了寻找合同依据外，还可以将法律依据作为支持变更的有力支持。合同变更的法律依据包括但不限于国际工程建设项目所在国的法律法规、国际公约等。

（一）国际工程建设项目所在国法律法规

承包商从事国际工程建设项目，在向业主提出变更时，首先应在项目所在国寻找法律法规依据。世界各国的法律千差万别，总的来说，对当今社会影响最大的有两大法系，分别是大陆法系与英美法系。

大陆法系，又称民法法系、罗马法系、法典法系，是以罗马法为基础而发展起来的法律的总称。它首先产生在欧洲大陆，然后扩大到拉丁族和日耳曼族各国。法国和德国是该法系的两个典型代表，此外还包括过去曾是法国、西班牙、荷兰、葡萄牙四国殖民地的国家和地区，例如阿尔及利亚、乍得等，此外日本、泰国、土耳其等国也是大陆法系国家。我国也基本上属于大陆法系国家。大陆法系国家的法律形式以成文法典为主。如果承包商在一个大陆法系国家从事国际工程建设项目，那么其首先应当熟悉当地的民商事法律法规，通常在当地的合同法或建筑法等法律中可以寻找到关于合同变更方面的法律条文。当业主拒绝接受承包商提出的变更建议书时，承包商可以援引当地法律条文并以此为法律依据向业主主张变更合同的权利。

英美法系，又称普通法系、判例法系，是指以英国普通法为基础发展起来的法律的总称。它首先产生于英国，后扩大到曾经是英国殖民地或附属国的许多国家和地区，包括美国、加拿大、澳大利亚、马来西亚、新加坡以及中国香港地区等。英美法系的主要特点是以判例法为主要形式，以衡平法作为补充。英美法系强调“遵循先例”原则，即法官判案要遵循之前类似案件的判决，已经生效的判决结果可以作为将来案件的判决基础。这种采用大量判例的法律体系是英国几百年来社会内部自发的产物，是经验主义的结果。和注重逻辑概念、注重法律制度的大陆法系相比，英美法系显得比较繁杂、不成体系。英美法系最大特点就是以公序良俗作为判案的基础。当承包商在一个英美法系国家从事国际工程建设项目时，如果想从法律方面寻找变更的依据，那么首先可以通过咨询律师或查阅过往案件的卷宗，从而得知在以往类似的案件中，法官是如何判决的。如果能够找到与承包商所处情形类似的案例最好，这样承包商便有较大的把握在合同变更依据方面取得有利支持；如果没有在过往案例中找到与自己所处情形一致的，也不代表就一定找不到依据，承包商仍然可以通过咨询律师或查阅法律条文等形式为自己寻找法律支持。

在实践中，大陆法系和英美法系这两大法系也是在不断的相互吸收、相互借鉴中发展的。在英美法系中，虽然判例法占有重要的地位，但制定法也是英美法系的渊源之一，例如美国也有《统一商法典》等成文法典。因此，承包商在英美法系国家从事国际工程建设项目，除了主要通过判例法寻找依据之外，还可以通过咨询律师或查询相关法律条文作为支持己方的法律依据。

（二）国际公约

国际公约是指国际间有关政治、经济、文化、技术等方面的多边条约。国际公约对维护国际法律秩序，开展国际交往与合作，确保本国利益方面都具有十分重要的意义。在国际法上，遵守条约是缔约国的国际责任，因此，违约是要承担国际责任的，例如损害赔偿、恢复原状等。现代国际公约越来越多地涉及国内经济事务和个人权利事项，从国际法来看，缔约国如何在国内适用公约原则上是其自由决定的事情，各国通常通过本国法律对公约的适用加以规范。例如，英国不成文宪法很早就形成了“国际法是本国法的一部分”。美国宪法则规定，国际公约是美国联邦的最高法律，效力优于州法。法国奉行国际公约优先原则，但以互惠为条件。在荷兰，国际公约的效力优于法律甚至是宪法。

由于国内法在国内具有最高性，国际公约要在国内适用，首先需要纳入到国内法体系。这是公认的国际公约在国内适用的前提。国际公约纳入到国内法的方式有两种：一种是直接适用，即国家在法律上接纳国际公约作为本国法的一部分；第二种方式是间接适用，即国家通过实施性法律使国际公约在国内适用，没有这个法律，国际公约不能直接在国内适用。然而，绝对的直接适用是没有的。例如荷兰，虽然国际公约在荷兰具有直接效力且优于国内法律甚至宪法，但荷兰法院也拒绝直接适用国际公约规定的案子。美国宪法也承认国际公约优于州法，但美国最高法院发展了“非自执行条约”[1]的概念，即非自执行条约在美国法院是不可以直接适用的，它需要国会立法予以转化。

由此可见，虽然说在当今世界很多国家，国际公约具有优先于国内法的效力，当承包商想通过直接援引国际公约中的相关条款，来为自己提出的变更申请找出国际公约上的依据时，需要承包商先要确定该国对于国际公约适用的要求，如果国际公约不能在国内直接适用，承包商需要找出该国立法部门对于国际公约转化的相关规定。这要求从事国际工程项目建设的承包商要

[1] 非自执行条约（Non-self-executing treaty），指不能直接为缔约国的公民和法院所适用的条约，这种条约必须首先由缔约国通过专门立法接受为国内法后才能在国内适用。

深入了解项目所在国具体加入了哪些国际公约，以及这些国际公约在适用方面的规定和限制，同时还需掌握这些国际公约中哪些条款可以支持承包商的变更申请。必要的时候，承包商可以聘请当地律师协助查阅相关的法律条文或国际公约规定。

当然，合同变更的依据包括但不限于合同依据和法律依据，只是说建立在事实基础之上的这两个依据是最直接、最有说服力的依据。如果承包商能够从合同中寻找到支持变更的依据，那么承包商提出该项变更并被业主接受的几率将会很高；如果承包商不仅有合同依据的支持，同时还能够找到法律依据的支持，那么该项变更最终被业主接受的可能性就会非常大。在承包商没有合同依据的情况下，仍然可以通过寻求法律依据来支持己方提出的变更请求。

在既没有合同依据，也找不到法律依据的情况下，如果承包商想向业主发起变更申请，那么承包商还可以援引国际通行合同条件，例如 FIDIC 合同条件，美国建筑师协会（AIA）工程承包合同条件，或者国际惯例等国际惯常做法，以支持自己提出的变更申请，但国际通行合同条件或国际惯例这些依据由于效力较弱，承包商以此为依据提出的变更被业主接受的几率比较低。

附　部分国家法律法规和国际公约简要介绍

一、阿拉伯联合酋长国和土库曼斯坦法律法规简要介绍

（一）阿拉伯联合酋长国

阿拉伯联合酋长国（简称阿联酋）的法律体系建立在民法原则和伊斯兰教教法上。阿联酋的法律渊源是民事案件。根据宪法，某些立法机关和行政当局直属于该联盟，包括宪法、美国联邦法律和法规、当地酋长国的法律和规章、伊斯兰教教法、习惯和惯例。

简而言之，阿联酋有两级法律：联邦法，在整个阿联酋内适用；本地法，在颁布该法的酋长国内适用。阿联酋宪法规定，联邦法的监管范围包括劳工和社会服务、农业和动物福利、大量的民事和刑事立法、公司法、知识产权

保护、航空、水域划定和公海航运；同时，授权7个酋长国的本国政府监管不受限于联邦政府的本地事务。

日常商业事务的法律主要来源于阿联酋的联邦法律和地方酋长国的法律和规章。但是，研究这些法律之前有必要了解它们之间的相互关系和双方的框架内联邦和分解的权力在联邦（国家）一级和酋长国（地方）的水平。

相反，宪法也特别适用于单个阿联酋国家内的所有事务；但同时，该相关事务并不完全受阿联酋的司法管辖权限制。尤其重要的是，宪法规定，各酋长国拥有的自然资源和财富（如，石油和天然气）始终是其独占的财产。

虽然，在整个阿联酋内，立法权力的行使受相关细则和监管程序（这些细则和程序系以本宪法为基础，为最高委员会制定的）的监督，但在各酋长国内，这一权利的行使并未受到严格的限制。各酋长国的法律框架反映出自身的特点、类型及该国政府与其民众的关系。因此，即使本宪法在整个阿联酋内监管着上述各项事务，但在实践中，各酋长国（在不同的程度上）倾向于行使自身的权力并颁布“酋长国”立法，且该立法基本适用于受阿联酋管辖的事务。因此，在阿联酋执行项目时，不仅要了解可能影响交易的联邦法律，而且要了解完成交易或履行合约所在国的法律。

阿联酋受一个民法体系的监管，该体系的主要基础是成文法，而非判例法。因此，阿联酋地区的很多国际承包商可能并不熟悉阿联酋的法律体系。

阿联酋的法律主要基于民法典（1985年第5号联邦法）制定。该民法典主要以埃及民法典为基础，并被广泛用于其他以民法为基础的中东司法管辖区域内。该民法典是处理民事和商业事务的主要基础。而且，只要其他的法典没有对某一事务做出具体的规定，那么该事务即受民法典的监管。

对在阿联酋合法经营的公司或工作人员而言，对他们有影响的部分其他法典包括：

（1）商业交易法（1993年第18号联邦法律），通常被称为“商业法典”。这一法律普遍监管着阿联酋内商业交易和商业义务。

（2）商业公司法（1984年第8号联邦法，修正版），通常被称为“公司法”。这一法律对在阿联酋设立不同类型的公司规定了标准和要求。

（3）民事诉讼法（1992年第11号联邦法），规定了通过“司法解决”途径处理争议的诉讼框架并含有与仲裁相关的规定。

（4）劳动关系规则（1980年第8号联邦法），雇用问题立法的主要基础。

（5）刑法典（1987年第3号联邦法）。

（6）有关环境保护和发展的法律（1999年第24号联邦法）。

（7）其他值得注意的法律（尤其针对建筑工程），包括：采购、招标和承包条件联邦规则（1975 年第 16 号联邦规则），监管联邦政府部门对公共项目的招标和定标。

广义上，这些“特别”法典普遍优先于民法典，而且一旦与民法典的规定冲突，“特别”法典的规定将胜出。然而，在缺乏特别立法的情况下，民法典及其规定将适用。同样，如果特别法典没有就某一问题做出规定，民法典应该再次适用。在这方面，民法典大概可以被视为“填充物”，作为阿联酋其他各种特别立法的补充。

1. 阿布扎比和迪拜酋长国的重要法律

7 个酋长国都已经颁布而且将不同程度地继续颁布自身的法典，这些法典可能是法令、规则、命令或法律，以阿布扎比酋长国和迪拜酋长国为例，已颁布的部分主要法律如下。

（1）阿布扎比酋长国。

主要有：第 4 号阿布扎比法（1977 年），涉及招标、拍卖和仓储事宜。该法监管着阿布扎比市政部门的招标和定标程序；第 4 号阿布扎比法（1983 年），监管建筑工程；第 4 号规则（1980 年），涉及承包商的分类；第 23 号决议（1981 年），涉及民用工程承包领域的一般承包条件。

（2）迪拜酋长国。

主要有：第 6 号迪拜法（1997 年），规定了迪拜政府部门和承包商间的承包事宜：同样，这一法律监管着迪拜市政部门的招标和定标程序；第 3 号迪拜市政府令（1999 年），监管迪拜酋长国建筑工程；第 89 号本地令（1994 年），监管迪拜酋长国国内的工程咨询活动。

2. 伊斯兰沙里亚的重要性

“伊斯兰是阿联酋的官方宗教。伊斯兰沙里亚应被视为阿联酋立法的主要基础。”简而言之，伊斯兰沙里亚是有关伟大先知穆罕默德授予人生命的神圣规则和法规。它集法律原则、法律和融入穆斯林生活方式的各种规则于一体。这些法律的基础有两个：

（1）神的直接意旨，即《可兰经》，由伟大先知穆罕默德（愿宁静与安详伴他左右）口授；

（2）神的间接意旨，即伊斯兰教教规，以先知穆罕默德的言辞和事例为基础。

沙里亚对个人性质的事务，如婚姻、家庭关系、继承和世系，有着极端重要的影响力；但就商业事务而言，它并不具备相同的影响。因此，虽然伊斯兰沙里亚在本宪法中有着重要的地位，但其对日常商业问题的影响非常少见。

3. 外国公司在阿联酋的合法经营模式

1984 年第 8 号联邦法（修正版），又称“公司法”，对在阿联酋成立商业公司的事宜进行监管。

商业法规定，七种不同类型的公司可以在阿联酋设立：一般合伙公司、简单有限合伙公司、合资公司、公开股份公司、私营股份公司、有限责任公司、股份合伙有限公司。同时，公司法也规定了海外公司在阿联酋注册分支机构的可能性。

公司法的主要特点是，根据第 22 条的规定，任何在阿联酋成立的公司应拥有一个或多个阿联酋籍合伙人（法律实体或自然人），且该合伙人应该至少持有公司 51% 的资本。

如果是成立分支机构，则无需阿联酋籍合伙人持股，但根据第 314 条的规定，需指定一个阿联酋代理。

但实际上，公司法规定的很多公司类型并不适合外国投资者投资。在公司法规定的七类公司中，最适宜外国投资者投资的两类公司为：海外公司的分支机构（或代表处，从事推广和营销活动）和有限责任公司。

海外公司可以在阿联酋设立分支机构。实际上，分支机构将成为母公司法人实体的延伸并 100% 由母公司持有。海外公司通过分支机构在阿联酋经营业务的可能性受公司法第 11 章（第 313–316 条）的约束。原则上，分支机构可以注册从事母公司已有的一项、多项或全部业务，前提是这些业务并非仅针对阿联酋籍人员放开，比如：一般贸易（即各种类型的产品销售）、劳动力供应、运输业务、部分房地产业务。要建立分支机构，公司法第 314 条规定，经济和规划部（MEP）必须签发一份允许公司在阿联酋经营业务的法令；同时，公司也需要从相关酋长国的本国部门获得批准。要设立分支机构，阿联酋籍合伙人并不是必须的，但公司需要有一个“阿联酋服务代理”。商业公司法第 314 条规定：“…公司应有一个阿联酋籍代理；若代理为一家公司，则该代理应为阿联酋本地公司且所有合伙人均为阿联酋籍。代理对公司和第三方的义务应仅限于向公司提供必要的服务，但不承担任何与公司在该国的分支机构或办事处之业务或活动相关的任何财务责任或债务。”

海外公司在阿联酋设立分支机构，不受最低资本要求限制。

然而，MEP 要求海外公司向其提供价值 50000 迪拉姆的银行担保。该担保必须在分支机构存续期间一直有效。若海外公司撤离该国前未履行在政府部门注销分支机构的手续，该笔担保将被没收。

另外，分支机构需要任命本地注册的审计师，每年对其财务账户进行审核。这些账户必须在经济和规划部（MEP）备案，分支机构才能更新注册并继续在阿联酋经营业务。

由于分支机构并非单独的法律实体，而是海外母公司的附属机构，因此母公司将对分支机构在阿联酋从事的交易负责。

4. 相关法律法规

（1）与投资、工程、建筑相关的法律：阿联酋没有监管投资、工程和建筑的专门联邦立法。然而，如果目前要处理与阿联酋境内投资、工程和建筑相关的任何事务，一般可以依据下述阿联酋联邦法律的某些章节或条款进行：1985 年第 5 号阿联酋联邦法，已依据 1987 年第 1 号联邦法做出修正；1992 年第 11 号民法，已根据 2005 年第 30 号联邦法做出修正；1993 年第 18 号阿联酋商法和 1984 年第 8 号联邦公司法，已根据 2007 年第 10 号联邦法做出修正。

（2）石油法：阿联酋没有联邦石油法，但各酋长国均有针对本国碳氢化合物的相关政策。比如，阿布扎比的第 4 号法律（1976 年 3 月 3 日）规定，国家拥有所有的天然气资源。

（3）民法：1985 年第 5 号阿联酋联邦法，已依据 1987 年第 1 号阿联酋联邦法做出修正；1992 年第 11 号民法，已根据 2005 年第 30 号联邦法做出修正；1993 年第 18 号阿联酋商法和 1984 年第 8 号联邦公司法，已根据 2007 年第 10 号联邦法做出修正。

（4）劳动法和相关法规：1980 年第 8 号联邦法，监管劳动关系及依据该法做出的任何部门命令。

（5）外汇和进出口法：1993 年第 18 号联邦法，涉及与外汇相关的某些规定。

（6）税法及相关法规：阿联酋没有联邦税法，但各酋长国均有自身的税法。比如，1965 年阿布扎比所得税法、1969 年和 1970 年迪拜所得税法、1968 年萨迦所得税法。然而，到目前为止，上述所得税法均未施行。另外，海湾合作委员会成员国的《共同关税法》统一了关税手续，适用于海湾合作委员会的所有成员国。

（7）保险法及相关法规：某些阿联酋法规对保险问题做出了规定。比如，1981 年第 26 号阿联酋联邦法（海事法典第六章第 366–420 条）对“海事保险”做出了规定。保险的定义见民法典第 1026（1）条。同时，阿联酋还有一部新的保险法，即 2007 年第 6 号阿联酋联邦法，它取代了原有的法律。

（8）原材料采购及运输法及相关法规：阿联酋海事法典（1981 年第 26 号联邦法）尤其对承运人的责任有限性做出了规定；而且，1975 年第 16 号金融令（公开招标法）的内容涉及联邦政府的采购事宜。

（9）知识产权法律和法规：1992 年第 37 号联邦法，涉及商标事宜；2002 年第 17 号联邦法，涉及行业监管和专利保护、行业图纸及设计；2002 年第 7 号联邦法，涉及版权事宜。

（10）仲裁法和诉讼法：目前，阿联酋没有专门的仲裁立法。1992 年第 11 号阿联酋联邦法中有部分关于仲裁的规定。同时，阿联酋也颁布了 2006 年第 43 号联邦法令，涉及阿联酋加入《承认及执行外国仲裁纽约公约》的事宜。

（11）环境法：1999 年第 23 号联邦法，涉及海洋资源的保护和发展；2002 年第 11 号联邦法，监管和控制涉及濒危野生动物和植物的国际贸易。

（12）刑法：1987 年第 3 号联邦法，涉及颁布刑法典的事宜。

5. 相关国际公约

（1）双边协定：阿联酋已同澳大利亚、法国、德国、英国和其他国家签订了约 31 份双边投资协议。同时，阿联酋也与中国、新加坡和法国等 41 个国家签订了《避免双重征税协定》。其中，与中国签订的《避免双重征税协定》已依据 1994 年第 38 号令，于 1994 年 6 月 19 日在政府公报上发表。

（2）国际协定和多边协定：强迫劳动公约，1930 年；劳动力监察公约，1947 年；夜晚工作（女性）公约（修订版），1948 年；公平薪酬公约，1951 年；废除强迫劳动公约，1957 年；最低年龄公约，1973 年；最恶劣形式的童工公约，1999 年。

（二）土库曼斯坦

1. 企业法

《土库曼斯坦企业法》于 2000 年 6 月 15 日颁布，并于 2009 年 4 月 18 日修订，总计 11 章 63 条。其主要内容如下：

（1）企业的定义：企业是根据本法建立的为满足社会需求和获得利润而生产产品、销售商品、完成工程和提供服务的独立经济活动主体。企业的法律地位：①企业的法律地位——根据立法程序为企业作为权利主体所确定的权利和义务体系；②企业自进行国家登记之日起成为权利主体；③企业以自身名义拥有和行使权利，并承担义务。

（2）企业标识：企业有自己的名称、法人地址和印章；企业在活动中有权拥有商标或其他标志。

（3）企业的名称：企业有自己的名称，并应以该名称进行国家登记。企业名称应该包括：可区别于现有企业的具体称谓；扩展全名或法律组织形式缩写。一家企业不可使用与已注册的另一家企业相同或国家注册机关认定与其相似的名称。企业的分支机构和代表处使用企业名称开展活动。在外资参股的企业名称中可含有其股东国别的标识。

（4）企业管理：企业管理程序根据本法和土库曼斯坦其他明文法令确定并在企业的创立文件中予以确认。对国有资产占其注册资本 70%以上的企业将根据对国有企业确定的管理原则实行管理。

（5）成立一般条件：企业根据其创办人的决定创建。企业创办人应为有行为能力的法人和自然人，包括外国股东。企业可以作为一个或几个新企业分立的基础上产生 ，也可以由一个企业分解而建立。

（6）创设合同：由企业创办人签订的成立合同是企业成立和活动的基础。创立合同即为企业的创立文件。在国有企业成立时以及创办者只有一个人时不签订成立合同。成立合同应该包括：①成立企业的决议、企业名称和地点；②股东姓名（名称）清单、股东作为法人的法定地址、银行账号；③或者股东作为自然人的姓名、居住地和证明身份的文件材料；④企业成立程序；⑤股东就成立企业所开展活动的条件；⑥确定股东以及在企业成立和登记过程中其他被授权代表所创办企业利益的人员的权利；⑦法定基金数额；关于每一位股东向法定基金出资的构成、金额和期限情况或者关于对以货币或以财产权形式出资的估价情况；⑧对法定基金进行补充出资的决定的通过程序，以及不及时出资的后果；⑨关于批准企业章程的决定；⑩其他：统分利润和补偿损失规定；创办者（股东）企业辞退规定；在成立合同中可以规定企业活动的对象和目的。

（7）企业章程：企业章程为决定企业作为法人的法律地位的文件。企业的章程为企业的创办文件。章程应包括：①企业名称、法定地址；②企业创办人（股东）清单（对作为法人的创办人要提供法人名称、法定地址、银行账号）；③或者股东作为自然人的姓名、居住地和证明身份的文件材料；④企业活动的目的和种类；⑤关于法定基金规模、创办人在企业财产中的股额情况；⑥企业股东的股份转让程序；关于企业管理和监督机关情况；⑦这些机关的形成程序和职能情况；⑧统分利润和补偿损失程序；企业改组和终止条件；⑨如果企业只有一个创办人，则在其章程中应明确财产构成和收入分配程序，以及包括其他一些不与土库曼斯坦法律相抵触的规定。章程应经股东大会一致批准并由全体创办人或其授权代表签署。当企业的创办者为一个人时，则章程的批准和签署者也为此人。章程及全部关于章程今后变动的副本存放于对企业进行国家登记的机关。

（8）企业国家登记：①对在土库曼斯坦企业的建立、改组和注销的事实予以认证；②对在土库曼斯坦成立的企业及应予改组和注销的企业进行统一登记；③向法人和自然人提供关于在土库曼斯坦已在册的、已改组的和已注销的企业的相关信息。土库曼斯坦注册局根据其在各州和阿什哈巴德市的分支机构出具的结论基础上对企业进行国家登记；对通过国家登记的企业颁发国家注册证书。国家注册的材料纳入土库曼斯坦注册局管理的国家法人统一登记簿；土库曼斯坦注册局在决定对企业进行注册后的 10 日内向土库曼斯坦国家税务总局、土库曼斯坦国家统计和信息所、土库曼斯坦国家海关、土库曼斯坦中央银行提交国家法人统一登记簿的摘录。在对国有企业注册时国家注册法人总登记簿摘录还需抄送土库曼斯坦经济和财政部。企业的国家登记期限对企业进行国家登记或拒绝进行国家登记的决定自企业创办人提交必备文件之日起的 2 日内做出。

（9）子公司、分公司和代表处：企业有权设立具有法人资格的子公司。一个企业有 50% ~ 100% 法定基金或财产属于另一个企业，则第一个企业就是第二个企业的子公司。子公司应根据土库曼斯坦法律关于对企业进行国家登记的规定进行国家登记。企业有权建立自己的分公司和代表处，代表处并不是法人。分公司和代表处的法律地位由土库曼斯坦民法确定。企业的分公司和代表处应根据本法第二十三条规定进行国家登记。

（10）企业的歇业与关闭：企业可以自愿或强制歇业也可根据本条所述的情形出现时歇业。企业可随时根据国有企业和社团企业所有者、享有财产股权的企业的所有股东采纳的决定自愿歇业。如企业的创立文件未予另行规定，则企业歇业的决议经其股东过半数同意即被通过。根据法庭判决，对企业进行强制歇业的情形如下：①破产；②因在登记时犯下违反土库曼斯坦法律不可赦免的行为而承认企业登记无效；③未办理业务许可（如此种业务需要许可）或从事土库曼斯坦法律禁止的活动；④在一个日历年度内开展业务时多次粗暴违反土库曼斯坦法律；⑤其他土库曼斯坦法令规定的情形。

企业在下述情况下也应歇业：①企业章程规定的活动期限届满；②如在法定资金减少时其数额低于本法对相关组织形式的企业规定的最低数额；③如股东不能在本法规定的期限内建立起企业的法定基金；④对企业改组时的

有关情形。

主管税务、颁发许可证、环保、卫生、建筑、安全设施和消防问题的机关有权提出关于企业歇业的报告。对上述问题的争议根据司法程序解决。企业从自国家法人统一登记簿除名时起即行关闭。

（11）企业的清算：企业清算导致其活动停止，其权利和义务不可按继承规定向其他企业转移。产权人、法院和创立企业的机关做出对企业清算的决定，并制定清算的程序和期限，任命清算委员会（清算人）。企业的执行机构自清算委员会（清算人）被任命之日起不再行使管理企业的权利，其职能由清算委员会（清算人）履行。清算委员会（清算人）向国家注册机关通报企业地位变更事宜和委员会（清算人）情况。在国家法人统一登记簿中应有关于企业正处于撤销阶段的标注。清算委员会（清算人）将在法庭上介绍被清算企业，采取措施，以澄清债权人并追回应收债务。撤销中的企业可从事与其清算有关的交易以及在清算决议中规定的交易。企业对清算委员会（清算人）的活动负责。应向每一个债权人书面通知企业清算事宜。在官方机构所办的报纸登载关于企业清算的通知（声明）、其债权人提出要求的程序和期限，此期限为自公布企业清算事宜后的两个月以上。为债权人提出要求所规定的期限结束后，清算委员会应编制阶段性清算平衡表，其中应反映清算企业的财产构成情况、债权人所提要求清单和其研究结果。阶段性清算平衡表应由做出清算决定的企业创办人（股东）或企业管理机关审批。清算委员会（清算人）与债权人进行结算，如企业现有资金不足以满足债权人所提要求，清算委员会（清算人）将对被清算企业的财产进行公开竞卖。当被清算的国有企业的财产不足以满足债权人要求时，债权人有权向法院起诉，责令该企业产权人满足其剩余要求。在与债权人清偿债务后，清算委员会编制清算平衡表，该平衡表由决定清算企业创办者（股东）或企业管理机关审批并由自由审计师确定。企业清算结束并在国家法人统一登记簿除名后并停止存在。

2. 合同法

（1）合同相关法律：在土库曼斯坦没有专门的《合同法》，其关于合同的规定主要集中在 1998 年 7 月 17 日颁布的《土库曼坦共和国民法典》中。从第 501 条开始分别对《买卖合同》、《销售合同》、《供货合同》、《零售合同》、《国家采购合同》、《电力合同》、《订购合同》、《赠予合同》、《租赁合同》、《建筑物及其附着物租赁合同》、《车辆租赁合同》、《承包合同》、《总包合同》、《分包合同》、《施工合同》、《咨询合同》及《技术开发、服务合同》等进行了规定。

（2）土库曼斯坦油气合同：土库曼斯坦天然气储量为22.8万亿立方米，居世界第三位（仅次于中东和俄罗斯）；石油储量为120亿吨。截至2006年年初，土库曼斯坦已发现34个油田和82个含天然气的凝析油田，其中20个油田和38个含天然气的凝析油田已在开发。目前，土库曼斯坦已发现149个天然气田，有54个天然气田正在开采。

《土库曼斯坦矿产资源法》第4章第21条规定，根据本法为完成石油作业采用以下合同形式：产量分成合同、矿税制下的特许合同、联合经营合同和风险服务合同。产量分成合同、矿税制下的特许合同、风险服务合同由土库曼斯坦石油天然气工业矿产资源部与承包商签订。根据具体石油作业的性质及其他情况，允许采取上述合同与其他种类的合同相结合的模式或采用其他合同形式。

土库曼斯坦石油合同的主要条款包括：勘探期（为6年）、勘探许可证（可以延期两次，每次两年）、开发期（为20年）、开采许可证（可延期5年）、国家参与、签字费、生产定金、矿区使用费、所得税及其他税费等。

但是在实际操作中，产量分成和联合经营是常用的合同模式，同时许多项目并不是单独采用一种合同类型，而是多种模式混合，或者根据项目的进展加以变动。

①产量分成模式：土库曼斯坦产量分成合同条款包括国家参与、签字费和生产定金、矿区使用费、所得税及其他税费等。核心条款在于成本回收和与产量分成相关的税费。外国直接投资与许可证模式相结合是土库曼斯坦产量分成合同实现的主要方式。

②联合经营模式：土库曼斯坦的联合经营模式则与产量分成模式相结合，通过财团参股方式实现。即外国油气公司与土库曼斯坦能源部门共同出资，以参股方式共同经营和开发油气田项目。

3. 财产法

（1）外汇管理：在土库曼斯坦注册的外国公司可在土库曼斯坦银行开设外汇账户，但不允许提取大额现金，需用美元交费时只能通过银行转账。外汇可自由汇进汇出。外汇汇出土库曼斯坦无需交纳特别税金。土库曼斯坦对外国人携带入境的美元数量无限制，但需填写海关申报单。在土库曼斯坦工作的外国人，其合法税后收入可全部转出国外。

（2）银行机构：土库曼斯坦中央银行是银行主管机构，主要商业银行有土库曼斯坦国家对外经济活动银行、土库曼斯坦农业银行、土库曼斯坦元首银行、土库曼斯坦银行等。土库曼斯坦当地外资银行有：巴基斯坦银行、土耳其—土库曼斯坦合资银行。土库曼斯坦无中资银行。与中国国内银行合作较多的当地主要代理行有：土库曼斯坦对外经济活动银行。其主要功能是作为土库曼斯坦政府的代理行吸引外国投资、接受外国援助用于本国社会经济领域优先发展项目的建设，此外还经营一般存贷款业务等。

（3）金融证券：在融资条件方面，外资企业在土库曼斯坦很难融资。主要原因为：贷款审查极其严格而且时间长，贷款利率高，平均年利率约 10%。土库曼斯坦发行三种银行卡，但使用人数极少。中国国内办理的维萨卡（CLASSIK）可在土库曼斯坦外经银行使用，但土库曼斯坦境内商家不接受信用卡付款，仅个别宾馆可使用维萨卡支付。土库曼斯坦无证券市场。根据土库曼斯坦《有价证券和证券交易所法》、《股份公司法》规定，外国公司参与证券交易（包括股权并购）时，其享受的待遇与本土企业相同。

4. 财税法

（1）概述。

土库曼斯坦实行属人税制。经过多年的实践和探索，土库曼斯坦已建立起以增值税、所得税为核心的税收体系。除地方税上略有差异外，土库曼斯坦实行全国统一的税收制度。主要税种共 7 个，分别是增值税、消费税、矿产使用税、财产税、企业利润（所得）税、个人所得税和地方收费。

增值税：纳税人包括在土库曼斯坦境内销售商品、开展土建安装工作、提供劳务等从事应税业务的企业、单位、个体经营者和其他个人，税率为 15%。对出口货物（石油、天然气及其加工品除外）、从事国际间客货运输等免征增值税。

消费税：纳税人包括在土库曼斯坦境内生产和进口应税消费品的各类企业、单位、个体经营者和其他个人。

矿产使用税：纳税人包括在土库曼斯坦境内从事矿产开采以及以提取化学元素及化合物为目的开展地下（地上）水资源开采和利用活动的各类企业、单位、个体经营者和其他个人。税率：天然气和伴生气 22%；原油 10%。

财产税：纳税人包括拥有财产所有权的企业、单位。征税基数：对于固定资产，为年均剩余财产价值；对于物资性流转资产，为其年均价值。税率为 1%。

企业利润（所得）税：纳税人包括土库曼斯坦本国企业以及在土库曼斯坦通过长期经营场所（工厂、商店等）开展活动或有收入来源的外国企业。税率：土库曼斯坦本国企业为 8%；外国企业 20%（对于通过在土库曼斯坦长期经营场所获取的利润）或 15%（对于其他渠道获取的收入）；股息、红利税统一为 15%。

个人所得税：纳税人为在土库曼斯坦定居、并有收入来源的土库曼斯坦公民和外国公民；税率为 10%。

地方税费：包括广告费（3% ~ 5% ）、城乡土地建设专项收费（销售额的 0.3%）、停车场经营收费、汽车销售收费和养犬税等。

（2）《税法典》。

2004 年土库曼斯坦第十五届大国民会议审议通过了《税法典》，调整了主要税种的征收标准。这是土库曼斯坦独立以来的首部《税法典》。

《税法典》重新规范了增值税、消费税、矿产使用税、财产税、利润税、自然人所得税和地方税 7 类税种，还下调了企业主要税种的税率，即增值税从 20%下调到 15%，所得税从 25%下调到 8%。另外，在利润税方面，对非国有土库曼斯坦法人从 25%下调到 8%，对其他法人从 25%下调到 20%，对外国法人则从 25%下调到 15%。

《税法典》将纳税人分成三类：本国法人、外国法人和自然人（包括个体经营者）。该法典进一步明确了“本国法人”和“外国法人”的概念，规定外国驻土库曼斯坦各类常驻机构均为外国法人；规定与土库曼斯坦签署“避免双重征税协议”国家的外国法人或自然人在出示相关文件后可在土库曼斯坦免缴利润税或自然人所得税。

《税法典》支持私营企业和个体经营活动，对土库曼斯坦本国私营企业仅征收 8%的利润税，同时沿用关于个体经营者可按“简化税收系统”仅缴纳 1%营业税等优惠待遇。

2005 年 10 月 24—25 日，土库曼斯坦第十六届大国民会议通过了《对土库曼斯坦〈税法典〉的补充修正案》，修订后的《税法典》仍保留了增值税、消费税、矿产使用税、财产税、法人利润（所得）税、自然人所得税和地方收费 7 个类别，但对自然人所得税征收体制做了大幅调整，同时扩大了部分税种的优惠范围，加强了对私营公司法人、博彩业经营者、停车场经营者的扶持力度，总体上使税收政策向更有利于个体及私营经济发展的方向倾斜，以求加快私有制经济发展，为国民经济发展增添活力。新版《税法典》已于 2005 年 11 月 1 日起正式施行。

5. 油气法

根据《土库曼斯坦 2020 年经济、政治和文化发展战略纲要》，到 2020 年，土库曼斯坦计划生产原油 1 亿吨，天然气 2400 亿立方米；2003—2020 年，计划投资 630 亿美元发展石油天然气工业，其中 256 亿美元通过产品分成合同模式由外商直接投资。土库曼斯坦石油天然气工业巨大的发展潜力和国家的投资战略规划，为世界各国石油公司与土库曼斯坦在石油天然气领域的合作提供了前景和商机。由于石油天然气工业在土库曼斯坦占有非常重要的地位，所以有关油气的法律显得格外重要。土库曼斯坦独立后颁布了一系列关于油气的法律法规，其中最重要的是《土库曼斯坦油气资源法（修订版）》，该法于 1996 年 12 月 30 日经土库曼斯坦总统批准施行，2005 年 8 月 22 日修订，2005 年 12 月 6 日再次修订。该法用于协调在土库曼斯坦管辖地区（包括海和内部水体）内进行石油作业过程中颁发许可证、签订和执行石油作业合同时发生的关系，规定了国家机关部以及从事石油作业的公司、企业和团体的授权、权利和义务。该法的实施为外国公司在土库曼斯坦石油工业领域投资提供了法律保障。从《土库曼斯坦油气资源法（修订版）》及其他有关规定中可以看到在土库曼斯坦石油天然气开发投资流程如下。

（1）掌握石油天然气市场准入规则：根据现行的《土库曼斯坦油气资源法（修订版）》的有关规定，在土库曼斯坦境内地下或地上处于自然状态的油气资源是土库曼斯坦的专有财产。根据该法规定，拥有、利用和分配油气资源的权能属于土库曼斯坦内阁（政府）。如果外国投资项目不符合卫生保健、环境保护及土库曼斯坦法律所规定的其他标准的不予注册。同时，要熟悉土库曼斯坦开发油气田的统一规则。

（2）参与项目招标：《土库曼斯坦油气资源法（修订版）》规定，外国投资土库曼斯坦的石油和天然气需进行招标。

①可以进行公开招标或有限范围招标。招标条件公开发布或者不晚于招标前 90 天内向投标申请者通知。招标程序分为两个阶段：递交资审申请和递交投标文件。全部有意参加资审者有权获得关于招标程序和条件的信息。招标通知书应包括下列信息：举行招标的时间和地点，以及递交申请期限；资审的基本条件；拟进行石油作业所在区块的位置及其情况。资审申请应包括：竞标者的名称（姓名）、地址、法人所属国家、自然人国籍；竞标者的股票持有人和领导人的资料，以及在投标或谈判、领取许可证时竞标者全权代表的资料；关于竞标者的技术、管理、组织及财务能力的资料。

竞标者的申请在支付资审费后予以审议，资审费的数额由土库曼斯坦油气工业和矿产资源部确定。符合条件的申请被受理。申请受理后的一个月内向竞标者颁发相应的通知书。通过资审的竞标者被通知进入招标的第二阶段。通知书内容包括：技术和法律文件包的价格、文件包付款的截止期限、确定中标者基本条件等信息。

②投标建议：在招标条件规定期限内根据招标要求，竞标者要编写投标建议并提交主管机关。投标建议不论内容如何，均被视为领取勘探许可证（开采许可证、勘探和开采统一许可证）的申请。

③投标建议的评估：主管机关组织专家委员会对竞标者的技术、财务和组织能力及投标建议进行评审。中标者的胜出根据下列综合指标确定：开工日期和进度；开始开采和达到最高产量的预计期限（在颁发开采许可证或勘探和开采统一许可证时）；竞标者对地质和地球物理工作、钻探、测井和经营钻井（在颁发勘探和开采统一许可证时）以及从事上述工作花费方面应完成的最低限度义务；遵守对矿藏和自然环境的保护及安全施工的要求；合同有效期内土库曼斯坦的预期收益。

（3）申领许可证：《土库曼斯坦油气资源法（修订版）》规定的许可证有三类，即勘探许可证；开采许可证；勘探和开采统一许可证。勘探、开采许可证或者勘探和开采统一许可证经过招标或主管机关与许可证申领人直接谈判发放。

欲申领许可证的法人和自然人从主管机关（油气资源利用和石油工作的主管机关（以下简称主管机关）受土库曼斯坦总统直接领导，是根据土库曼斯坦总统令发放石油作业许可证，并与承包商签订合同的国家机关）领取标准合同，许可证申请人、许可证潜在获得者和承包商与主管机关就合同期限和条款等事项进行谈判。主管机关根据《土库曼斯坦油气资源法（修订版）》规定向符合本法条件的许可证申请人、许可证潜在获得者和承包商颁发许可证。石油作业许可证的发放或延期须经土库曼斯坦总统批准。并且许可证拥有者只有权从事许可证规定的石油作业种类。合同条款应符合许可证条款。

勘探许可证的申请中应包括：①申请人的名称（姓名）、地址、法人所属国家和自然人国籍；②竞标者的股票持有者和领导者资料，以及在投标或谈判、领取许可证时竞标者全权代表的资料；③竞标者的技术、管理、组织和财务能力的资料；④竞标者以往的经营情况，包括最近5年内进行石油作业的国别清单以及在此期间的平衡表；⑤竞标者进行石油作业的报价，包括注明工作量和作业费用的最低义务；⑥竞标者的环保义务，包括合同区的再耕和恢复；⑦申请区块的编号；⑧石油作业的资金来源；⑨申请进行勘探作业的期限；⑩在发现有工业价值的油田后并在递交申请的情况下，勘探许可证持有者具有领取开采许可证的特权。

开采许可证申请中应包括：①勘探作业成果资料；②关于发现有工业价值的油田的官方通告，包括相应资料和鉴定；③开发有工业价值的油田的详细方案并注明可采油气储量；④实施有工业价值的油田开发方案的预期及采出油气的预期；⑤预测的采油剖面图（曲线）和达到最高产量的预期；⑥开发和开采支出预算及油气销售收入预算；⑦有工业价值的油田的经济效益分析；⑧土库曼斯坦预期的货币收入和对发展合同区的生产和社会基础设施的总投资。获取勘探和开采统一许可证的申请中应包括获取勘探许可证申请和开采许可证申请的必要条款。

许可证的颁发条件和程序：根据招标或直接谈判结果向拥有石油作业权者颁发许可证，或有关合同条款达成一致并签订合同之后颁发许可证。许可证颁发程序由本法和根据本法通过的土库曼斯坦其他法令确定。外国自然人和法人只有在作为个体企业、外国法人的分公司、或联合经营的参加人在土库曼斯坦注册后才能领取许可证。

勘探许可证内容包括：许可证获得者的资料；许可证规定的石油作业种类；用地理坐标标明的合同区边界；许可证有效期；合同双方签订的合同种类；承包商遵守环保要求的义务；许可证延期条件；主管机关规定的其他相关内容。开采许可证内容包括：许可证获得者的资料；许可证规定的石油作业种类；确定有工业价值的油气田所处合同区的边界；许可证有效期及延期条件；确认合同双方签订合同的可采纳性；许可证拥有者遵守环保要求的义务；主管机关规定的其他相关内容。勘探和开发统一许可证的内容包括勘探许可证和开采许可证的所有条款。

许可证有效期：勘探许可证有效期不超过 6 年。勘探许可证拥有者在完成了许可证和合同规定的工作计划并履行了其他义务的情况下有权要求许可证延期。主管机关根据土库曼斯坦总统令办理许可证延期手续。勘探许可证可以延期两次，每次不超过两年。开采许可证有效期为 20 年。如果许可证拥有者在开采许可证有效期结束前 1 ~ 2 年申请许可证延期，则开采许可证可延期 5 年。主管机关在收到许可证延期申请的一个月内对其进行审议。勘探和开采统一许可证的有效期包括勘探许可证有效期和开采许可证有效期及上述许可证的可能延长期。许可证有效期从许可证与合同在被授权机构同时注册之日起计算。

（4）签订合同：主管机关和许可证申请人在双方协商一致的基础上签订合同。主管机关保证在签订合同后 15 日内完成注册。主管机关单独或与承包商一道与其他国家的相应机构就在这些国家境内建设和使用管道及其他运输装置以及利用这些国家现有类似运输装置运送油气资源问题进行谈判和签订协议。土库曼斯坦总统令赋予主管机关的权力是一次有效的，并未授予其签订补充合同或对早先双方已签订合同的实质或执行条件可能产生重要影响的修改的权力。对此需要单独的总统令。主管机关有权要求许可证持有者和承包商提供银行或其母公司的担保。提供此类担保是获得许可证和签订合同的条件。

在土库曼斯坦石油作业合同分为：①产品分成合同；②联合经营合同；③土库曼斯坦方根据总统令签订产品分成合同；④经土库曼斯坦总统令授权的机关可作为联合经营的一方参与合同；⑤根据具体石油作业的性质和其他情况，允许上述合同与其他种类的合同相结合。

合同签订和注册手续：合同签订前必须与国家医疗、保健、生态、矿藏保护和石油作业安全的管理机构进行协商。自相关机构获得合同文件之日起，协商时间不应超过 15 天。在规定期限内相关机构未能进行协商不影响合同注册。合同在土库曼斯坦内阁（政府）的授权机构注册。合同在授权机构注册之日起生效。当颁发给承包商的许可证被取消时，合同即被认定为无效。

（5）石油作业：合同签订后进入石油作业阶段。根据《土库曼斯坦油气资源法（修订版）》规定，合同中要确定石油作业条件，包括作业计划及费用。如果承包商经过勘探发现了油气田，必须向主管机关通报并对油气田进行评估，包括油气评估储量和油气田工业价值鉴定。在合同中应确定对发现油气田、评估结果和油气田工业价值的通知期限。在发现有工业价值的油气田后，承包商享有获得其与石油作业有关费用的全部补偿的权利，补偿数额不能超过其应得油气份额的销售收入。

如果勘探许可证或延期的许可证已经过期仍未发现有工业价值的油气田，承包商无权要求补偿其投资。在这种情况下，许可证和合同将被终止。当承包商认为油气田没有工业价值或拒绝开发有工业价值的油气田，他必须离开该油气田所处的合同区块。

在进行石油作业之前，承包商应向国家专门授权机构提供其计划在完成施工计划时拟采用的环保措施方案。国家专门授权机构将在收到此方案之日起的 30 日内做出书面结论，承包商结合计划中的工作和相应的预计费用采纳该结论。如果在规定期限内国家专门授权机构未做出结论，承包商有权实施上述方案。

（6）最新进展：最近，土库曼斯坦总统签署命令，批准《石油产品销售许可证制度实施条例》正式生效。根据该条例，只有获得土库曼斯坦油气部颁发的许可证的企业才有权销售条例规定范围内的石油产品，即汽油、柴油的零售业务和汽油、航空煤油、柴油、燃料重油等产品的批发业务。该条例还特别规定只有土库曼斯坦内阁批准设立的国有商业企业才有权申领许可证，而且这类企业还必须具备必要的卫生、环保、防火等技术条件。

二、相关国际公约简要介绍

（一）国际贸易方面

1. 1980年《联合国国际货物销售合同公约》

《联合国国际货物销售合同公约》（United Nations Convention on Contracts of International Sales of Goods）（以下简称《公约》）是由联合国国际贸易法委员会主持制定的，1980年在维也纳举行的外交会议上获得通过，并于1988年1月1日起生效❶。我国是《公约》的成员国之一。《公约》是迄今为止一项最全面、最详尽的关于国际货物买卖的统一法律规范，它关于合同成立和买卖双方权利、义务的各项规定，基本上是公平合理的，是可以接受的。《公约》不适用于以下销售：（1）购供私人、家人或家庭使用的货物的销售，除非卖方在订立合同前任何时候或订立合同时不知道而且没有理由知道这些货物是供这种使用；（2）经由拍卖的销售；（3）根据法律执行令状或其他令状的销售；（4）公债、股票、投资证券、流通票据或货币的销售；（5）船舶、船只、气垫船或飞机的销售；（6）电力的销售。

我国在加入《公约》时，根据我国的具体情况，按照《公约》第95条和96条的规定，对《公约》提出了两项保留：一是关于采用书面形式的保留。按照《公约》第11条的规定，国际货物买卖合同不一定要以书面形式订立或以书面来证明，在形式方面不受任何其他条件的限制。我国认为，国际货物买卖合同必须采用书面形式，《公约》的上述规定和其他类似规定对中国不适用。二是依据国际私法规则导致《公约》的使用的保留。根据《公约》第1

❶截至2010年8月，核准和参加《公约》的共有76个国家，包括：阿尔巴尼亚，阿根廷，亚美尼亚，澳大利亚，奥地利，白俄罗斯，比利时，波斯尼亚和黑塞哥维那，保加利亚，布隆迪，加拿大，智利，中国，哥伦比亚，克罗地亚，古巴，塞浦路斯，捷克共和国，丹麦，多米尼加共和国，厄瓜多尔，埃及，萨尔瓦多，爱沙尼亚，芬兰，法国，加蓬，格鲁吉亚，德国，希腊，几内亚，洪都拉斯，匈牙利，冰岛，伊拉克，以色列，意大利，日本，吉尔吉斯斯坦，拉脱维亚，黎巴嫩，莱索托，利比里亚，立陶宛，卢森堡，毛里塔尼亚，墨西哥，摩尔多瓦，蒙古，黑山，荷兰，新西兰，挪威，巴拉圭，秘鲁，波兰，罗马尼亚，韩国，俄罗斯联邦，圣文森特和格林纳丁斯，塞尔维亚，新加坡，斯洛伐克，斯洛文尼亚，西班牙，瑞典，瑞士，阿拉伯叙利亚共和国，马其顿（前南斯拉夫共和国），土耳其，乌干达，乌克兰，美国，乌拉圭，乌兹别克斯坦，委内瑞拉，赞比亚等。

条第（1）款（a）项的规定，如果合同双方当事人的营业地分处于不同国家，而这些国家都是《公约》的缔约国，《公约》就适用于他们之间订立的货物买卖合同，即《公约》适用于营业地处于不同缔约国的当事人之间订立的货物买卖合同。这是毫无问题的，我国完全赞同。但是，《公约》第1条第（1）款（b）项又规定，只要当事人的营业地处于不同国家，即使这些国家并非《公约》缔约国，但如果按照国际私法的规则导致适用某一缔约国的法律，则《公约》亦将适用于这些当事人之间所订立的货物买卖合同。这项规定的目的是为了扩大《公约》的适用范围，使之不仅适用于营业地均处在缔约国的当事人之间所订立的货物买卖合同，而且凭借国际私法的规则还有可能使之适用于非缔约国的当事人之间所订立的货物买卖合同。对此，我国在核准《公约》时提出了保留，即我国认为《公约》的使用范围仅限于营业地处于不同的缔约国当事人之间所订立的货物买卖合同，而不适用于营业地均处于非缔约国的当事人之间所订立的货物买卖合同。但是，在上述情况下，如果双方当事人在合同中明文规定选择《公约》作为该合同的准据法，则《公约》仍可适用于这些当事人所订立的货物买卖合同。

2. 2010年《国际贸易术语解释通则》

1999年，国际商会广泛征求世界各国从事国际贸易的各方面人士和有关专家的意见，通过调查、研究和讨论，对实行60多年的《国际贸易术语解释通则》进行了全面的回顾与总结。为使贸易术语更进一步适应世界上无关税区的发展、交易中使用电子信息的增多以及运输方式的变化，国际商会再次对《国际贸易术语解释通则》进行修订，并于1999年7月公布《2000年国际贸易术语解通则》（简称《INCOTERMS 2000》或《2000年通则》），于2000年1月1日起生效。2010年9月27日，国际商会正式推出《2010国际贸易术语解释通则》（简称《INCOTERMS 2010》），以取代已经在国际货物贸易领域使用了近十年的《INCOTERMS 2000》，新版本2011年1月1日正式生效。国际商会自1936年起草第一部《国际贸易术语解释通则》以来，就不断定期对其进行修改以适应国际贸易的发展趋势，《INCOTERMS 2010》的修改考虑了世界上免税区的增加，电子通信的普遍使用以及货物运输安全性的提高，删去了《INCOTERMS 2000》组术语中的DDU、DAF、DES、DEQ，只保留了DDP，同时新增加了两种D组贸易术语，即DAT（Delivered At Terminal），与DAP（Delivered At Place），以取代被删去的术语。《INCOTERMS 2010》中将贸易术语划分为适用于各种运输的CIP、CPT、DAP、DAT、DDP、EXW、FCA和只适用于海运和内水运输的CFR、CIF、FAS、FOB，并将术语的适用范围扩大到国内贸易中，赋予电子单据与书面单据同样的效力，增加对出口国安检的义务分配，要求双方明确交货位置，将承运人定义为缔约承运人，这些都在很大程度上反映了国际货物贸易的实践要求，并进一步与《联合国国际货物销售合同公约》衔接。

3. 跟单信用证统一惯例

国际商会为明确信用证有关当事人的权利、责任、付款的定义和术语，减少因解释不同而引起各有关当事人之间的争议和纠纷，调和各有关当事人之间的矛盾，于1930年拟订一套《商业跟单信用证统一惯例》(Uniform Customs and Practice for Commercial Documentary Credits)，并于1933年正式公布。随着国际贸易变化，国际商会分别在1951年、1962年、1974年、1978年、1983年、1993年进行了多次修订，称为《跟单信用证统一惯例》(Uniform Customs and Practice for Documentary Credits)，被各国银行和贸易界所广泛采用，已成为信用证业务的国际惯例。但其本身不是一个国际性的法律规章。现行的是1993年版本，称为国际商会第500号出版物（简称《UCP 500》)，并于1994年1月1日实行。

《跟单信用证统一惯例》(《UCP 500》) 共49条，包括：总则和定义、信用证的形式和通知、责任与义务、单据、杂项规定、可转让信用证和款项让渡等7个部分。各条款规定了各当事方的责任范畴。《跟单信用证统一惯例（1993年修订本）》第500号出版物使用10余年后，从2007年7月起，被《跟单信用证统一惯例（2007年修订本）》第600号出版物所代替，简称为《UCP 600》。

（二）国际货物运输方面

1. 1978年《联合国海上货物运输公约》

《联合国海上货物运输公约》(United Nations Conventiononthe Carriage of GoodsbySea，1978）又称《汉堡规则》，于1978年3月6日至31日在德国汉堡举行由联合国主持的由78国代表参加的海上货物运输大会讨论通过，于1992年11月1日生效。截至1996年10月，共有成员国25个，其中绝大多数为发展中国家，占全球外贸船舶吨位数90%的国家都未承认该规则。

《汉堡规则》全文共分七章三十四条条文，在《汉堡规则》的制定中，除保留了《海牙—维斯比规则》对《海牙规则》修改的内容外，对《海牙规则》进行了根本性的修改，是一个较为完备的国际海上货物运输公约，明显地扩大了承运人的责任。其主要内容包括：

（1）承运人的责任原则。《海牙规则》规定承运人的责任基础是不完全过失责任制，它一方面规定承运人必须对自己的过失负责，另一方面又规定了承运人对航行过失及管船过失的免责条款。而《汉堡规则》确定了推定过失与举证责任相结合的完全过失责任制。规定凡是在承运人掌管货物期间发生货损，除非承运人能证明承运人已为避免事故的发生及其后果采取了一切可能的措施，否则便推定：损失系由承运人的过失所造成，承运人应承担赔偿责任，很明显，《汉堡规则》较《海牙规则》扩大了承运人的责任。

（2）承运人的责任期间。《汉堡规则》第四条第一款规定："承运人对货物的责任期间包括在装货港、在运输途中以及在卸货港，货物在承运人掌管的全部期间。"即承运人的责任期间从承运人接管货物时起到交付货物时止。与《海牙规则》的"钩至钩"或"舷至舷"相比，其责任期间扩展到"港到港"。解决了货物从交货到装船和从卸船到收货人提货这两段没有人负责的空间，明显延长了承运人的责任期间。

（3）承运人赔偿责任限额。《汉堡规则》第六条第一款规定："承运人对货物灭失或损坏的赔偿，以每件或其他装运单位的灭失或损坏相当于 835 特别提款权或毛重每千克 2.5 特别提款权的金额为限，两者之中以其较高者为准。"

（4）对迟延交付货物的责任。迟延交付货物的责任在《海牙规则》和《维斯比规则》中都没有规定，《汉堡规则》第五条第二款则规定："如果货物未能在明确议定的时间内，或虽无此项议定，但未能在考虑到实际情况对一个勤勉的承运人所能合理要求时间内，在海上运输合同所规定的卸货港交货，即为迟延交付。"对此，承运人应对因迟延交付货物所造成的损失承担赔偿责任。而且在第三款还进一步规定，如果货物在第二款规定的交货时间满后连续六十天内仍未能交付，有权对货物灭失提出索赔的人可以认为货物已经灭失。《汉堡规则》第六条第一款还规定："承运人对迟延交付的赔偿责任，以相当于迟延交付货物应支付运费的 2.5 倍的数额为限，但不得超过海上货物运输合同规定的应付运费总额。"

（5）承运人和实际承运人的赔偿责任。《汉堡规则》中增加了实际承运人的概念。当承运人将全部或部分货物委托给实际承运人办理时，承运人仍需按《汉堡规则》对全部运输负责。如果实际承运人及其雇用人或代理人的疏忽或过失造成的货物损害，承运人和实际承运人均需负责的话，则在其应负责的范围内，承担连带责任。这种连带责任托运人既可向实际承运人索赔，也可向承运人索赔，并且不因此妨碍承运人和实际承运人之间的追偿权利。

（6）托运人的责任。《汉堡规则》第十二条规定："托运人对于承运人或实际承运人所遭受的损失或船舶遭受的损坏不负赔偿责任。除非这种损失或损坏是由于托运人、托运人的雇用人或代理人的过失或疏忽所造成的。"这意味着托运人的责任也是过失责任。但需指出的是，托运人的责任与承运人的责任不同之处在于承运人的责任中举证由承运人负责，而托运人的责任中，托运人不负举证责任，这是因为货物在承运人掌管之下，所以也同样需要承运人负举证责任。《汉堡规则》这一规定，被我国海商法所接受。

（7）保函的法律地位。《汉堡规则》第十七条对保函的法律效力作出了明确的规定，托运人为了换取清洁提单，可以向承运人出具承担赔偿责任的保函，该保函在承、托运人之间有效，对包括受让人、收货人在内的第三方一概无效。但是，如果承运人有意欺诈，对托运人也属无效，而且承运人也不再享受责任限制的权利。

（8）索赔通知及诉讼时效。《海牙规则》要求索赔通知必须由收货人在收到货物之前或收到货物当时提交。如果货物损失不明显，则这种通知限于收货后三日内提交。《汉堡规则》延长了上述通知时间，规定收货人可在收到货物后的第一个工作日将货物索赔通知送交承运人或其代理人，当货物灭失或损害不明显时，收货人可在收到货物后的十五天内送交通知。同时还规定，对货物迟延交付造成损失，收货人应在收货后的六十天内提交书面通知。

（9）管辖权和仲裁的规定。《汉堡规则》第二十一条规定，原告可在下列法院选择其一提起诉讼：①被告的主要营业所所在地，无主要营业所时，则为其通常住所所在地；②合同订立地，而合同是通过被告在该地的营业所、分支或代理机构订立；③装货港或卸货港；④海上运输合同规定的其他地点。除此之外，海上货物运输合同当事人一方向另一方提出索赔之后，双方就诉讼地点达成的协议仍有效，协议中规定的法院对争议具有管辖权。《汉堡规则》第二十二条规定，争议双方可达成书面仲裁协议，由索赔人决定在下列地点之一提起：①被告的主要营业所所在地，如无主要营业所，则为通常住所所在地；②合同订立地，而合同是通过被告在该地的营业所、分支或代理机构订立；③装货港或卸货港。此外，双方也可在仲裁协议中规定仲裁地点。仲裁员或仲裁庭应按该规则的规定来处理争议。

（10）规则的适用范围。《汉堡规则》适用于两个不同国家之间的所有海上货物运输合同，并且海上货物运输合同中规定的装货港或卸货港位于其一缔约国之内，或备选的卸货港之一为实际卸港并位于某一缔约国内；或者，提单或作为海上货物运输合同证明的其他单证在某缔约国签发；或者提单或作为海上货物运输合同证明的其他单证规定，合同受该规则各项规定或者使其生效的任何国家立法的管辖。同《海牙规则》一样，《汉堡规则》不适用于租船合同，但如提单根据租船合同签发，并调整出租人与承租人以外的提单持有人之间的关系，则适用该规则的规定。

2.《联合国国际货物多式联运公约》

《联合国国际货物多式联运公约》(以下简称《公约》) 是 1980 年 5 月 24 日在日内瓦举行的联合国国际联运会议第二次会议上，经与会的 84 个贸发会议成员国一致通过的。《公约》全文共 40 条和一个附件。《公约》在结构上分为总则、单据、联运人的赔偿责任、发货人的赔偿责任、索赔和诉讼、补充规定、海关事项和最后条款等 8 个部分。

《公约》的主要内容主要有以下几点：

(1) 多式联运合同双方当事人的法律地位。多式联运合同的双方当事人分别为联运人和发货人。根据《公约》第 1 条的规定，联运人是以“本人”的身份同发货人签订多式联运合同的当事人，他不是发货人的代理人或代表，也不是参与多式联运的承运人的代理人或代表。联运人负有履行整个联运合同的责任，并以“本人”的身份对联运的全过程负责。因此，在发货人将货物交由联运人收管后，不论货物在运输过程中的哪个运输阶段发生灭失或损坏，联运人均须以“本人”的身份直接赔偿责任。

(2) 多式联运合同和多式联运单据。按照《公约》的有关规定，多式联运合同是指多式联运人凭以收取运费、负责完成或组织完成国际多式联运的合同。多式联运单据是指证明多式联运合同以及证明多式联运人接管货物并负责按照合同条款交付货物的单据。根据《公约》第 5 条的规定，联运人在接管货物时，应签发多式联运单据。依照发货人的选择，可以是可转让的，也可以是不可转让的。多式联运单据中应当包括 15 项内容，其中包括：货物的品类、标志、包数或件数、货物的毛重、危险货物的性质、货物的外表状况、联运人的名称和地址、发货人的名称、收货人的名称、联运人接管货物的地点和日期、交货地点、多式联运单据的签发地点和日期、联运人或其授权人的签字等。不过，多式联运单据中若缺少上述内容中的一项或数项，并不影响其作为多式联运单据的法律性质。

(3) 联运人的赔偿责任。《公约》的第三部分是关于联运人赔偿责任的规定。联运人对多式联运单据项下货物的责任期间，是从其接管该货物之时起至交付货物时为止。《公约》对联运人的赔偿责任采取了“推定过失原则”，即除非联运人能证明他和他的受雇或代理人为避免损害事故的发生及其后果已经采取了一切所能合理要求的措施，否则就推定联运人对事故的发生地有过失，因而应对货物在其掌管期间所发生的灭失、损坏或延迟交货，负赔偿责任。

（4）发货人的赔偿责任。《公约》的第四部分是关于发货人赔偿责任的规定。如果多式联运人遭受的损失是由于发货人的过失或疏忽，或者他的受雇人或代理人在其受雇范围内行事时的过失或疏忽造成的，发货人对这种损失应负赔偿责任。如果损失是由于发货人的受雇人或代理人本身的过失或疏忽所造成的，该受雇人或代理人对这种损失应负赔偿责任。

（5）索赔与诉讼。《公约》的第五部分是关于索贿和诉讼的规定。该部分规定的内容由灭失、损坏或延迟交货的通知、诉讼时效、管辖和仲裁等四个方面构成。

（三）国际投资方面

《多边投资担保机构公约》（Convention Establishing the Multilateral Investment Guarantee Agency，MIGA）（以下简称《公约》）1985 年 10 月 11 日在世界银行年会上通过，于 1988 年 4 月 12 日正式生效。根据《公约》建立了多边投资担保机构，属于世界银行集团的成员，但他同时又是独立的国际组织。

《公约》共 11 章 67 条，主要内容有七个方面。（1）宗旨：《公约》第 3 条明确规定促进资本流向发展中国家，对投资的非商业性风险予以担保；（2）机构地位：享有国际法主体资格，同时具备私法意义上的法人资格；（3）机构的担保业务：只限于非商业性政治风险，具体分为货币汇兑险、征收险、违约险、战争和内乱险；（4）规定合格的投资、合格的投资者和东道国条件；（5）东道国主权控制的范围；（6）争议的解决：《公约》将争议分为三类：有关《公约》的解释和施行而发生的争议，机构与会员国之间的争议，有关被保险人或再保险人的争议，对于不同的争议应适用不同的程序解决；（7）法律适用。签署《公约》与设立该机构的目的，是鼓励成员国之间，尤其是向发展中国家成员国融通生产性投资，并致力于促进东道国和外国投资者间的相互了解和信任，为发达国家在向发展中国家的海外私人投资提供担保，以加强国际合作。《公约》生效以后，通过多边投资担保机构对非商业性风险担保，对于补充国家及区域性和私人担保的不足，以鼓励会员国之间、特别是向发展中国家会员国融通生产性资金，起了一定作用。我国于 1988 年 4 月 30 日向世界银行递交了对《公约》的核准书，从而成为多边投资担保机构的创始会员国。多边投资担保机构简称“MIGA”。成立于1988年4月，它是“世界银行集团”的第5个新增成员。

（四）国际司法仲裁方面

1958年6月10日在纽约召开的联合国国际商业仲裁会议上签署了《承认及执行外国仲裁裁决公约》（the New York Convention on the Recognition and Enforcement of Foreign Arbitral Awards），即《纽约公约》（New York Convention 1958）。该公约处理的是外国仲裁裁决的承认和仲裁条款的执行问题。

作为国际工程建设项目的承包商，在与业主签署工程建设项目承包合同时，须特别注意的就是，业主方和承包方是否是《纽约公约》的缔约国，如果是的话，争议解决条款中才可以选择在工程建设项目所在国进行仲裁的条款，如果不是的话，则争议解决条款就不能选择仲裁条款，因为这将导致仲裁裁决无法被执行。

我国第六届全国人大常委会第十八次会议于1986年12月2日决定我国加入，中国政府1987年1月22日递交加入书，该公约1987年4月22日对我国生效。目前世界上已有130多个国家和地区加入了《纽约公约》，这为承认和执行外国仲裁裁决提供了保证和便利，为进一步开展国际商事仲裁活动起到了推动作用。

第三章　国际工程建设项目变更的主要因素分析及实际应用

第一节　概　　述

在工程项目建设中，通常情况，变更是在颁发接收证书之前的任何时间，业主通过发布指示或由承包商提交建议书经业主批准对合同原规定内容进行修改。

从内容上分，变更主要可分为工作范围的变更和工程量的变更。

从变更结果上分，可分为工期延误变更和费用变更，变更对项目工期和费用都可能产生影响。引起变更的因素复杂多样，这里主要对这两种变更进行具体分析。

一、工期延误变更的主要因素

（一）从时间顺序划分

（1）单一性延误。单一性延误指在同一时间段内，延误事件单独发生，该事件被称为单一性延误。对于单一性延误，处理的关键在于事件原始责任或风险承担的认定。

（2）共同性延误。共同性延误指当两个或两个以上延误事件从发生到终止的时间完全相同，这些事件也被称为同时性延误。

（3）交错性延误。交错性延误指当两个或两个以上延误事件从发生到终止的时间只有部分重合时，这些事件被称为交错性延误。

（二）从项目进度计划关键线路角度划分

（1）关键性延误。关键性延误是指延误位于工程施工网络计划图的关键线路上。在这个线路上，没有任何浮动时间，任何工序的延误都会使总工期推延。所以关键性延误必然会导致整个工期延误，如果是业主原因造成的，承包商应获得工期延长变更。

（2）非关键性延误。非关键性延误是指延误在工程施工网络计划图的非关键线路上。非关键线路上的工序都有一定的浮动时间，在该浮动时间范围内的延误，即使是业主造成的延误，但不会导致整个工期拖延，承包商无法获得工期延长变更。但如果浮动时间用完，原来的非关键线路上的延误变成了关键线路上的延误，且延误是业主原因造成的，则承包商可以对超出部分提出延期变更。

（三）从责任方面划分

（1）业主或业主工程师责任原因引起的延误。如业主负责采购的设备材料没有按期到场，没有创造、提供适合的施工场地等；合同设计变更原因引起的延误，如基础设计方案的变更、实施中工程量的增加等。

（2）与业主方有关的第三方原因引起的延误，如业主的其他承包商。

二、费用变更的主要因素

变更既然属于业主方对工程性状的改变，工程性状变更了，承包商据此提出相关的费用变更要求，应属于是工程的正常价款结算范围。

通常情况下，在项目执行中，以下几个主要因素会引起费用变更，承包商应当注意及时向业主提出变更报价单。

（一）工程量变化引起的费用变更

由于业主原因施工实际过程中的工程量超过了原合同或图纸规定的工程量，包括：

（1）基础设计变更引起的工程量增加。指业主同意或承包商提出经业主同意后修改或补充完善基础设计而引起的工程量增加。

（2）业主方指令引起的工程量增加。指业主工程师在合同规定范围内事先发出指令增加工程量。

（二）应业主要求赶工的原因引起的费用变更

指由于应业主要求赶工期而导致比正常进度状态下完成同等数量的工程量多付出的费用。一般有以下几种原因造成：

（1）为加快施工进度发生的承包商人员工资标准的增加，如奖金的增加、加班费、超额作业补贴；

（2）投入的人力、施工机具数量的增加，临时设施的增建等；

（3）业主材料供应不能满足施工速度产生人员机具待工或为了满足业主要求加快设备材料到货速度产生的运输费或高价材料采购费；

（4）其他为加快施工进度采取的高成本施工措施或为排除加快施工干扰增加的成本等情况。

（三）工期延误引起的费用变更

工期拖延在形式上是时间的损失，实质上是经济的损失。对业主来说，工程不能按期投入使用，会使投产准备时间延长，投产物资备用金占用时间延长，获得收益的时间延长，风险增加，总建设费增加。对承包商来说，工期延长意味着更长时间地占用施工人力、管理人员以及工程设备物资等，项目执行运营期延长，工作效率降低，成本增加。

因为工期延误引起的费用变更，可能的情况有：

（1）由业主原因造成整个工程停工，造成承包商全部人工、机械设备的停滞及其分包商的工作停滞，而承包商的现场管理费等还要继续发生。

（2）由业主原因造成非关键线路工作停工，虽然总工期不延长，但这种停工影响了承包商相关人员和设备停滞。

（3）工程进行中，虽未停工，但由于业主的干扰致使承包商在一种混乱低效率的状态下施工，引起工期拖延，造成其相关费用增加。

需要注意的是，对于由于工期延误引起的费用变更，一般不会被业主事前认可和主动承认赔偿，最后往往需要通过索赔程序承包商才有可能得到相应的费用补偿。

第二节　变更定性分析原则

在国际工程项目建设中，参与项目的各方，以及项目的技术参数、外部环境等各种因素都可能对项目产生影响，在工程实施中发生变化是不可避免的。变更与索赔是既有联系又有区别的两个概念。

无论是由业主发起的变更，还是由承包商发起的索赔（或称变更要求），最终结果都是增加或减少业主对项目的总投入和承包商的总成本，并延长或缩短项目工期。

通常情况下，变更增加的情况更为普遍，因此也有将变更称为“获得额外费用的索赔”（Additional Cost Claims）或“变更索赔”（Variation Claim）的说法。

在某些由业主起草的合同中，业主出于减少承包商索赔的合同依据的考虑，在合同中不设置索赔条款，而只是在变更条款中列出承包商可向业主提出索赔的变更申请项，将变更和索赔合二为一，在这种情况下，合同中变更和索赔将按同一事项来处理。

若发生变更，合同双方可以按照合同中的相关条款约定来确定变更，并计算变更带来的工期和费用的影响。

变更的特征：（1）有权发出变更令的合同一方（一般是业主）向相对方（一般是承包商）发出指令；（2）事前发出；（3）按工作程序办事；（4）双方均需按合同约定的工作程序进行。

例如，某建筑物，承包商已经完成了部分模板工程，业主发来设计变更，要求将无梁板改成有梁板，则无梁板变成有梁板增加的工程费用，就是正常的工程价款结算，是费用变更。但是，已经完成的模板工程需要拆除改造，这个在工程施工费用中是没有的，就是由于业主在工程行为中，给施工单位造成了超出了工程施工费用外的费用损失，承包商有权提出得到相应费用补偿，这个是费用索赔。

在实际工程中，变更产生的原因比较复杂，往往是很多因素综合在一起，对变更的确定及其影响程度要从多方面分析考虑。

一、工期变更因素定性分析原则

对项目工期变更延误的分析，可分为如下几个步骤。

（一）确定分析依据

确定工期延误变更的分析依据主要有：合同规定的总工期计划；合同签订后由承包商提交的并经工程师同意的详细进度计划；合同双方共同认可的

对工期的修改文件，如会议纪要、往来信函；业主和承包商共同商定的月进度计划以及调整计划；受干扰后的实际工程进度，如进度报告等。

（二）确定干扰事件发生对工程项目施工的影响

（1）工程延误对工期影响分析。由于业主原因造成工程活动推迟或中断，实际推迟或中断的天数即可直接作为工期延长的天数，依据为现场记录。

（2）工程变更对工期影响分析。包括工程量增加、业主变更指令等，可按工程师现场认可的工程记录延长相应时间。

（3）工程暂停（中断）对工期影响分析。对于第三方原因、其他不可抗因素或业主指令发生的工程暂停（中断），一般属工程索赔范畴，而非变更。

（三）按照具体延误的原因和责任分析

通过对工程干扰事件对总工期产生影响及责任分析，计算得到总工期延误天数。

（1）业主方引起的工期延误。这类延误属于可补偿性延误，承包商有权获得工期延长补偿。

（2）承包商方引起的工期延误。这类由承包商原因引起的延误属于不可补偿性延误。

（3）第三方原因引起的工期延误。第三方是指与业主方或承包商有某种工程方面的合同、协议关系的单位或个人。此类延误的责任划分是，与业主方有关的第三方原因引起的延误后果由业主方承担，与承包商有关的第三方原因引起的延误后果由承包商承担。与业主方有关的第三方原因引起的延误，是可补偿性延误，属于变更与索赔内容，承包商要及时提出。

（4）不可预见原因引起的工期延误。此类延误原因是指非承包方过错或疏忽和所能预见的，在承包方能力控制范围外的因素造成的工期延误。一般主要有以下几类：

①不可抗力引起的延误。指承包方无法控制的自然灾害的影响，使工程施工不能正常进行造成的延误。

②不可预见性障碍引起的延误。施工过程中出现施工前无法预见的障碍，并且对此的处置造成了对工期的延误。此类延误属于可补偿延误。另外一类不可预见性障碍，也称不确定性障碍，是指施工中预知将会出现的障碍，但对其的处理措施及处理所需时间不确定。对以上两种障碍引起的延误，也属于工期索赔，而非变更，要注意采取不同的方法。

（四）处理原则

上述各种情况下，对于单一性延误，对原始责任的认定相对容易。对于多个交叉事件在某时间内同时发生的共同延误，处理起来比较复杂。一般比较常用的处理原则如下：

（1）初始责任人原则。同一时间有两个以上原因造成的工期延误，应全部由初始责任人来承担。这种划分忽略了不同责任方的互相影响程度，可能会对初始延误者出现不公。对于平行承发包模式，由于其连带工序引起的共同延误索赔发生因素复杂，因此用该方法处理比较有效。

（2）责任分摊原则。凡在同一时间发生两种以上的工期延误，按各工序给总工期造成的影响分摊共同延误责任。

二、费用变更因素定性分析原则

在实际工程执行中，费用变更确定的前提是，费用超过了报价时该项费用的价格，而超支的责任不在于承包商，也不属于承包商的风险范围，而是由于业主提出指令造成工程性状的变化而引起承包商工程成本增加的，都可以作为费用变更向业主提出。

（一）费用变更影响确定原则

变更产生的费用影响确定原则主要有：

（1）合同原则。要符合合同规定的变更条件和范围、符合合同规定的计算方式和方法。

（2）符合通用规定和惯例原则。要符合通常的核算原则以及符合一般工程惯例，让业主方易于接受和理解。

（3）实际损失原则。以补偿实际损失为原则，即变更费的确定应是承包商的实际损失全额，而不是额外收益。实际损失包括直接损失和间接损失。

（二）费用分析

根据工程变更情况，发生的费用变更可以从以下几方面进行分析：

（1）人工费。主要包括因工程变更影响引起的工人工资、津贴、奖金、加班费、补助增加等。

（2）材料费。指因工程变更影响引起的材料实际用量大于计划用量，以及相应的可能的费用增加，如购买额外用量的材料采购费、运输、保管、手续费等。

（3）机械费。指因工程变更影响引起的施工机械闲置费、施工机械使用时间延长费、施工机械额外租赁费，以及施工机械动复员、保险等相关费用。

（4）分包商费用。指因业主方变更造成的分包商的额外损失，通常也包括人工费、材料费、机械费等，也应通过总包商提出，总包商将其一并列入总包商的变更范围。

（5）现场管理费。指承包商完成变更工作发生的相应现场管理费，一般包括管理人员工资、行政办公费、临时设施费等。

（6）其他相关费用。如设计费、总部管理费、财务费、保险、保函、税等。这些项目的计算原则一般比较明确。

第三节　变更定量计算方法及应用

变更确认以后，就要进行影响程度计算，包括对工期影响的计算和对费用影响的计算。

一、工期变更定量计算方法

在国际工程建设项目工期延误计算中，工期补偿天数的确定方式多种多样。例如，在事件之前由双方商讨确定；在变更协议或其他附加协议中直接确定补偿天数；或按实际工期延长记录确定补偿天数等。此外，就是对工期延误天数的计算。

工期延误的计算方法有很多种，这里主要对以下三种常用的计算方法进行介绍：计划与实际进度对比分析法、比例计算法、网络图分析法。

（一）计划与实际进度对比分析法

计划与实际进度对比分析法，也称净影响法，是一种比较简单的方法，直接采用实际进度的完工日期减去计划进度的完工日期，这种方法对比较简单的延误事件可进行简要分析，多项延误很难解决。

（二）比例分析法

对于实际工程中，干扰事件仅影响某些单项工程、单位工程或分部分项工程的，可以采用比较简单的比例分析法。这种方法比较适用于干扰事件仅仅影响某些单项工程、单位工程或分部分项工程的工期，分析它们对总工期的影响。

（三）网络图分析法

网络图分析法即通过分析索赔事件发生前后的网络进度计划，对比两种工期计算结果，计算出变更工期值，是实际工程中主要采用的一种分析方法。

假如工程施工一直按照原网络计划确定的施工顺序和进度进行，现发生了一个或多个延误，使网络图中某个或某些活动受到影响，将这些活动受影响后的持续时间带入网络中，重新进行网络分析，得到一个新工期，则新工期与原工期差即为延误对总工期的影响，即为工期延误值。

网络图分析法就是利用网络图分析关键路径，位于关键路径上活动的时间决定了整个项目的工期，分析的时候主要看延误时间是否处于关键线路上。

关键性延误是处于网络进度计划的关键路线上的延误，会导致总工期的延长，如果这种延误是由业主方原因造成的，则承包商可以要求业主进行工期补偿。

非关键性延误是处于非关键线路上的延误，非关键线路上的工作可在浮动时间范围延长，而不影响总工期。当非关键延误的时间超过浮动时间时，非关键线路就会成为关键线路，从而影响总工期，如果是业主原因造成，则就要对超出部分予以延期，发生工期变更。

网络分析法中要注意以下问题：

（1）实际工程中时差的使用。在实际工程中必须考虑干扰事件发生前的实际施工状态。在干扰事件发生前，有许多活动已经完成或开始，承包商做项目进度计划时，有时为了平衡资源而动用了非关键活动的时差，使干扰事件的影响远大于理论分析结果。

（2）不同干扰事件工期延误之间的影响，可能会使某项之前处于关键路径上的工作变为非关键路径，这样工期计算就会出现误差。

在国际工程项目管理中，常用的进度计划软件有微软公司的 MS Project 和 Primavera 公司的 Primavera Project Planner（简称 P3）。我国目前在国际工程项目执行中普遍采用的是 P3。下面主要介绍利用 P3 软件处理工期变更的问题。

P3 提供了两种进度计划管理工具，网络图和横道图。P3 可以通过工作分解结构对工程数据进行结构组织，通过提供活动分类码功能，方便地按照用户指定的要求组织或重新组织工程数据，完成进度计划的编制、计算、跟踪和调整。P3 的进度跟踪和进度偏差分析功能为项目的工期变更处理提供了便利。

例如：某项目采用 P3 软件进行项目进度管理，项目制定工期计划中有 20 个作业，通过 P3 软件制定的网络进度计划图中，关键路径上有 8 个作业。项目执行期间出现了 2 个工期延误事件。延误事件 1：业主供货设备迟到造成现场施工工作延误；延误事件 2：业主工程师指令错误出现误工。

分析：动态选择进展中的作业，通过差值报告和横道图比较，受延误事件 1 影响的作业活动原计划进度图中不在关键路径上，但延误时间超过了浮动时间，造成该非关键线路成为关键线路。在更新的进度图中，由此延长了总工期 5 天。此项延误事件是由业主方原因引起，并造成了工期延误，承包商有权得到工期延误补偿 5 天。

受延误事件 2 影响的活动在计划进度图的非关键线路上，延误时间在浮动时间内，更新进度图中，无总工期影响。

最后，承包商要根据变更结果，修订目标计划，进行计划进度更新，作为下一个周期工期跟踪基准。

二、费用变更定量计算方法

费用变更的计算是整个变更中的重点，主要参考依据是合同。

（一）合同类型

目前国际工程建设项目的合同类型主要分为以下几种。

1. 总价合同

（1）固定总价合同。除了合同中规定的可变更的因素外，承包商承担一切风险，合同价格固定不变。

（2）可调总价合同。可根据合同中规定的价格调值公式及项目所在国官方公布的工资及物价调整指数调整合同价格。如通货膨胀等，可以根据双方在合同专用条款中的规定对合同总价进行调整。除此以外，承包商承担其他一切风险。

2. 单价合同

单价合同一般用于在任务不能详细准确确定情况下的工程，如设计及维修合同。

（1）固定单价合同。承包商根据要求填写各种人工、机械、材料和设备单价，该单价在合同期内保持不变，承包商的间接费、利润等费用项目分摊于其中。

（2）可调单价合同。如果实际完成的工程量与投标时业主提供的估算工程量差异超过一定百分比，单价可调，或按专用条款中规定的调价公式调整，除此之外，不予调整。

（3）成本加酬金合同。是由业主向承包单位支付工程项目的实际成本，并按事先约定的某一种方式支付酬金的合同类型。

业主一般会规定承包商在投标书中要附有变更单价。如果是固定总价的EPC合同，除提交项目投标总价外，标书中一般还要附有各个专业的EPC单价、人工费单价、机械台班单价等。如果将来项目执行中，发生因业主原因的工程量变更，则承包商可以根据实际工程量变化量，依照变更单价对业主进行相关变更费用的计算。

在计算过程中采用的费率和价格依据可以分为三种情况：

（1）变更的工作内容在合同中有相同类型工作的变更单价，应该以该单价计算变更工程费用。

（2）合同中虽然有同类工作的变更单价和价格，但是对具体的变更工作已不适用，则应在原单价和价格的基础上，业主方和承包商双方讨论商定进行价格调整，制定合理的新单价或总价。

（3）变更工作的内容在合同中没有同类工作的单价和价格时，则应在合理的范围内使用合同中的费率和价格作为估价的基础。如做不到这一点，在工程师与业主和承包商适当协商之后，工程师和承包商应商定一个合适的费率或价格。当双方意见不一致时，工程师应确定他认为合适的费率或价格，并通知承包商，同时将一份副本呈交业主。在费率或价格经同意或决定之前，工程师应确定暂行费率或价格制定新的单价和价格。

（二）费用变更的定量计算

变更对成本和费用造成影响的定量分析和计算比较复杂，对费用值的计算也无统一通用的计算方法。根据不同类型合同的项目，以及与业主工程师的协商，对变更费用的计算方法可灵活采用，但要以符合实际发生、遵守合同为原则，合理计算。对发生的变更工作的费用计算，具体可参考使用以下方法。

1. 实际费用法

按照所引起损失的费用项目分别分析计算费用值，然后将各费用项目的费用值汇总，即可得到总费用值。这种方法以承包商为某项变更工作所支付的实际开支为依据，但仅限于由于变更事项本身引起的、超过原计划的费用，故也称额外成本法。

2. 总费用法

总费用是一种最简单的计算方法，就是当发生多次变更以后，重新计算出该工程项目的实际总费用，用实际总费用减去投标报价时的总费用，得到变更费用总额。

这种方法计算的费用值中可能包括了因承包商的原因而增加的费用，或投标时报价较低，因此比较不容易被对方认可，通常使用较少。

3. 修正的总费用法

修正的总费用法是在总费用法基础上对其的修正和调整，即在总费用法的原则上，去掉一些不合理因素，使其更合理，更容易被接受。主要修正和调整内容如下：

（1）将计算额的时间段仅局限于受变更影响的时间，而不是整个项目时间；

（2）只计算受影响时段内的某项工作所受影响的损失，而不是计算该时段内所有工作；

（3）对投标报价总费用重新核算，按受影响时段内该工作的实际单价乘以实际完成该项工作的工程量，得出调整后的报价费用。

三、实际案例中的应用

（一）工期延误相关的变更

某承包商在非洲某国承建了一项场站工程，原合同工期是 65 周，开工日期是当年 8 月 20 日，前提条件是业主需要在当年的 7 月 20 日之前将项目场地移交给承包商。之后，由于该项目业主未能清除项目场地上的障碍物，直到当年 9 月 11 日才将项目场地移交。承包商就此向业主提出推迟开工日期要求，业主同意推迟开工日期到当年 10 月 12 日，并确认将竣工日期顺延 52 天。

不论施工合同对开工日期有何规定，以及不论业主遇到何种问题导致开工日期无法按时开始，承包商在合同规定的开工日期之前，一定要以书面形式通知业主准备按时开工，请业主予以书面回复，以备作为今后工期延误变更的依据。

（二）工程范围变化工程量增加的变更

工程量变更中，新增工程比较常见。业主要求承包商完成某项新增工程，承包商认为该项工作已改变了原合同的工作范围，则可以作为变更提出。

对于附加工程和额外工程这两种工作范围变更、工程量增加的变更处理，通常遵循以下原则：

（1）发生上述情况时，首先要判断这些变化是否改变了原合同，形成了变更，是否属于额外工程，对于额外工程，承包商有权提出价格调整补偿；

（2）对于固定总价合同，在业主没有修改设计的前提下，附加工程一般应属于承包商的量差风险范围内，承包商无权再进行索赔；

（3）也有许多工程建设合同中规定了项目工程量的变更量或变更金额的限额，一般认为超出部分应属于额外工程。

例如：某 EPC 改建工程项目已临近竣工，此时业主提出要求新增建一处厂房。

分析：对于此项工程，承包商应视为额外工程，有权以工程变更程序向业主提出补偿。

鉴于合同中没有相关工作内容的变更单价，承包商按实际费用法对该项变更进行计算，内容如下。

（1）新建厂房建造直接费。

人工费：按新建厂房实际使用的人工数量为基础，单价可以采用合同中规定的已有的变更人工单价。

机械费：按新建厂房实际使用的机械设备数量为基础，单价可以采用合同中规定的已有的变更机械单价。

材料费：按新建厂房实际使用的材料数量为基础，单价可以采用有依据的实际采购成本。

（2）其他施工间接费，与新建厂房相关而相应增加的管理费、税金、保险等其他间接费，按实际情况计取。

如果在合同中有新增工程的实际工程量清单中的项目单价，则直接采用合同中规定的 EPC 变更单价，计算变更额。

具体情况根据业主工程师与承包商双方商讨确定。

另外，还要考虑由此对工期延误的影响。

在实际工程中，各种类型变更的发生会混合多种原因，在实际操作中需要因时因地，合理处理。

第四章　国际工程建设项目变更的组织和流程

第一节　变更的组织

一、概述

组织管理，是要明确组织中有些什么工作，谁去做什么，工作者承担什么责任，具有什么权力，与组织结构中上下左右的关系如何。只有这样，才能避免由于职责不清造成的执行中的障碍，才能使组织协调运行，保证组织目标的实现。

建立一个健全的组织结构，设计组织结构时必须考虑组织层次与管理跨度等问题。国际工程项目的组织结构对于国际工程变更的处理有着决定性意义，必须构建一种适宜的组织结构形式，才能达到变更的预期目标。

适宜的组织结构应具有：较强的灵活性和适应性；能随任务的发生而组成，随任务的完成而解散；使各职能部门协调工作；能满足权变思想；能保证组织结构和环境的一致性，这样才能提高组织的效率和参与者的满足感。国际工程常见的组织结构类型有：职能式、项目式、直线式、矩阵式等。其中，矩阵式组织结构有纵向职能领导系统和横向任务领导系统，这种结构形式有利于将组织的纵横联系结合，能充分发挥各职能部门和各专业人员的优势，具有很大的机动性和灵活性，是比较常用的组织结构（图 4–1）。

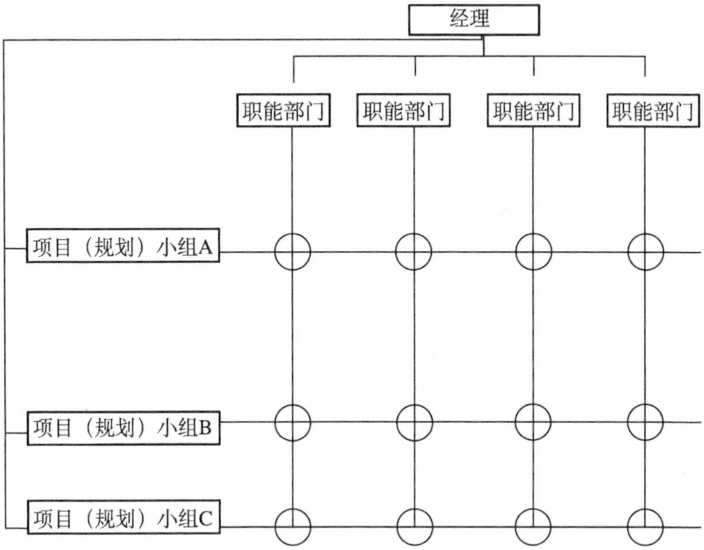

图 4–1 矩阵式组织结构

二、组织的设立

变更的发生不可预见性较大，一般属于一次性管理，通常认为变更情况发生后，成立专门“变更小组”，这里建议从项目部成立时即要成立专门的变更小组。

变更工作同索赔类似，处理上需要得到项目部各主要职能部门和现场人员的支持配合，包括合同部门的合同人员、设计部门的技术人员、采购部门的采购人员、施工部门的现场人员，以及计划控制部门的计划人员和成本控制人员等，需要有关人员组成专职或兼职工作小组。采用矩阵式组织结构就可以很好地适应这样的工作特点。

变更小组负责项目变更的领导、组织、决策、协调等。变更小组的组织管理结构中，要在合同部门设专门的变更管理职能，由专职人员负责组织管理整个项目的变更工作。以下变更小组组织结构图（图 4–2）可供参考。

变更小组组长由项目经理或项目主管经理担任，成员由项目合同部、计划与控制部、设计部、采购部、施工部、财务部等部门人员组成。

合同部负责根据设计、采办、施工等部门的提出的变更论证，向业主或业主代表提出变更申请及编写变更建议书，寻找合同依据等合同支持条款。

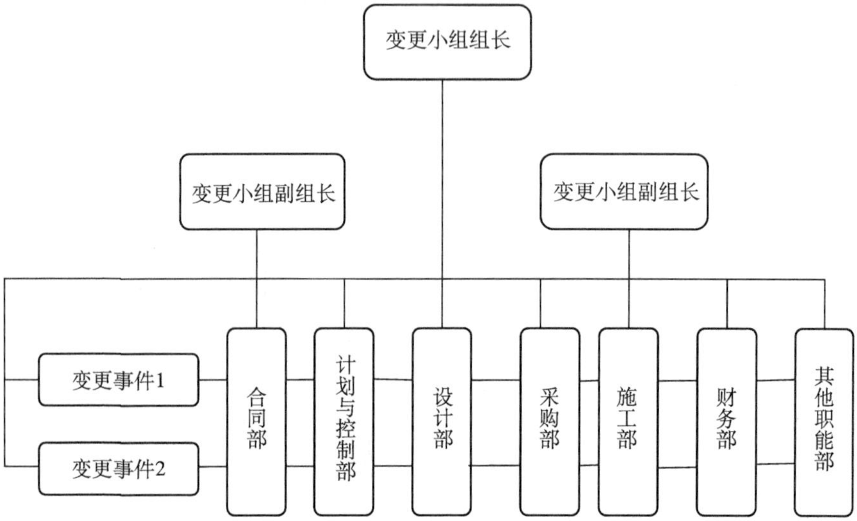

图 4–2 变更小组组织结构图

计划与控制部负责对提出的变更申请和变更建议书费用及工期的计算值进行确认和审核，包括总包商向业主提出的变更和分包商向总包商提出的变更；负责对变更的费用、工期的计算确认；负责办理变更结算：包括向业主申请变更工程款，批复分包商变更的变更费用，签发分包工程变更令。

设计部负责设计变更的提出、评估、提出参议，包括对原基础设计或初步设计的不足提出意见，编制变更在技术上的影响评估；负责对分包商提出的设计变更进行审查，评估，如果需要修改设计，应重新修改图纸、规范等，并做出技术上的影响评估。

施工部负责编写变更工程的施工组织、施工方案；负责组织、监督工程变更的实施，做好变更工程量签证的收集和整理工作。

其他职能部负责提出变更，协助编制变更建议书，参加变更论证和组织实施变更，受理其管理的分包商提出的变更，针对分包商提出的变更提出切实可行处理意见，以及其他涉及本部门的变更工作。

三、人员的要求

（一）人员选择

参加变更小组的人员选择构成上需要有全面的知识、能力和经验，构成一个有机整体，人员的选择主要从以下几方面考虑。

（1）有合同法律方面的知识：有合同分析、变更处理方面的知识、能力和经验，应该熟悉国际国内普遍采用的一些标准合同条件的主要内容和基本特点，能够熟练运用合同条款和法律手段处理变更问题。

（2）工程成本控制方面的知识、能力和经验：参与项目工程报价编制，了解项目成本划分和分摊方法，懂得成本控制方法，掌握工程造价和变更费用的确定方法，能够采用适当的方法进行变更费用的计算。

（3）工程设计和施工现场管理方面的知识和经验：应参与和熟悉本项目的设计和施工现场管理工作。

（4）进度控制方面的知识和经验：参与过本项目的计划编制和管理工作。

（5）谈判方面的知识、能力和经验：具备一定公关、谈判等社会科学领域的知识，以保证在变更谈判中争取主动。

（6）其他，如组织能力、语言优势等。

（二）变更小组成员应了解的内容

组成变更小组后，所有组员都应对以下内容及时掌握了解，以便变更工作的顺利完成。

（1）了解项目所在国的政治、社会背景情况，以及相关政策、法律情况，包括税、保险、劳动法，以及是否有对外国公司的优惠政策或苛刻要求等。

（2）了解项目所在国的经济条件，主要包括：

①财务及货币方面。当地主要银行及其信誉、当地财务审计相关制度、当地货币及外币管制相关规定、向境外汇款的限制条件等。

②当地市场价格水平及市场供应情况。包括当地市场供应的材料价格和设备机具的租赁价格水平以及供应量、当地工资水平及福利规定、当地雇员的技术水平及供求情况、政府对外国公司要求的当地雇员的雇佣比例、所在国的运输条件。

如遇特殊情况，如当地特殊材料价格大涨等，如果招标文件中对此方面没有调整补偿的相关规定，承包商也是不应提出变更。

（3）项目现场情况的了解，包括地理位置、气候条件、地质情况、周围交通设施、附近经济和社会情况，以及现场本身的配套设施情况。

（4）工作范围的了解。

第二节　变更的流程

一、变更线索的发现

在项目执行中，相关人员要对执行中出现的与原招标文件要求不符、且会影响项目工期或（和）引起项目费用增加的事件（情况）及时发现并记录追踪，收集支持性文件资料，以便为变更顺利进行提供依据。

项目各相关设计、采购和施工等管理部门应在日常工作中及时将发现的与原合同规定内容不一致的改变（偏离）均作为变更线索，或疑似变更线索提交给项目部合同部门。对于分包商、供货商等方提出的变更，项目部各相关部门应依据与之相关的工程承包合同的履行情况，确认是否属于可以向业主转移的变更线索或疑似变更线索。如果是，应及时把相应材料提交给项目部合同部门。

变更线索的发现需要相关人员主要从以下几方面注意跟踪：

（1）基础设计及工程量的改变；

（2）额外增加工程；

（3）业主要求对已建部分进行返工、修改、拆除；

（4）业主原因未能按合同规定提供施工条件，造成工期延误；

（5）业主供货或业主指定的供货商未能按时供货或货物质量不合格；

（6）业主对某项费用影响较大的设备或材料的规格要求不遵照原招标规范，而更改提高要求规范；

（7）业主其他承包商严重影响总包商施工质量和工期进度；

（8）业主不能按时接收已达到竣工验收条件的工程项目；

（9）政策法令变化等。

以上为一般国际工程建设项目可能发生的一些变更因素，对每个具体的项目还会有所不同。

二、定性分析

变更从内容上主要分为工程范围变更和工作量变更，工程范围变更和工作量变更的程序有所不同。

（一）工程范围变更

工程范围变更的实质是对合同范围的改变，在程序上需要合同双方认定，再进行相应补偿行为。

（二）工作量变更

工程量变更是有权方依据合同所赋予的权力，对合同范围以内的工作进行调整或调节的安排，能够发出变更令（或联络签单）的有权人依合同约定提出变更（可以是业主的项目主管或者是聘请的独立工程师）。这种对合同范围以内的工作进行调整或调节的安排，首先需要分析确定是否属于可补偿的变更。

承包商需要组织合同控制部门及相关业务部门进行分析和评估，以确认该工作量的变更是否属于合同规定内的变更，是否对工期和（或）合同金额有影响。对此，变更小组人员应充分了解项目招标文件和项目合同，主要包括以下几方面：

（1）对项目当初的招标条件进行分析，了解投标风险，了解投标报价的策略，掌握招标过程、评标的规则和各项要求；

（2）对工程技术文件进行分析，了解承包商具体工作范围、技术要求、质量标准，以便清楚掌握变更基础；

（3）全面分析合同协议书和合同条款，对各种问题的规定分析不漏项。

三、变更的提出

（一）承包商提出的工程变更

承包商根据项目的实际情况，认为需要的工程变更。但属于总承包合同范围内的非额外的变更，造成的工期、费用损失由承包商自行承担。

（二）分包商提出的工程变更

分包商提出工程变更，编制工程变更建议书，报总包商同意后，由总包商提出工程变更申请。但属于总承包合同范围内的变更，工期费用补偿由总包商承担。

（三）业主提出的工程变更

业主提出的工程变更，在业主下达变更令或工程变更通知后，由承包商编制工程变更建议书，对变更项目进一步分析论证，确定此项工程变更。

根据 FIDIC 设计采购施工（EPC）、交钥匙工程合同条件，在颁发工程接受证书前的任何时间，业主可通过发布指示或要求承包商提交建议书的方式提出变更。变更不应包括准备交他人进行的任何工作的删减。

承包商应遵守并执行每项变更。除非承包商迅速向业主发出通知，说明（附详细根据）：承包商难以取得变更所需的货物、变更将降低工程的安全性或适用性，或将对履约保证的完成产生不利的影响。业主接到此类通知后，应取消、确认或改变原指示。

对于业主提出的变更，或经分析和评估后确认属于合同变更，应向业主提出变更要求，由项目部控制部门负责向业主提出变更请求。

承包商按照工程承包合同规定的内容、格式和时间向业主提出的要求对合同相关内容进行改变的书面请求，经业主同意并签发书面的变更单，即转换为合同变更。变更要求又称变更建议、变更单申请等。

无论哪一方提出的变更，都需经过业主的审查批准。

四、编写并提交变更包

在正式变更请求提交后，承包商应抓紧准备变更资料，编写变更包。所有变更包，均应由项目部按照相关工程承包合同规定的时间、方式和格式向业主提交。

在编写变更包时，应满足以下要求：

（1）变更的背景描述应清晰、准确；

（2）变更的合同和（或）法律依据应充分；

（3）有明确的工期和（或）费用等变更要求；

（4）有充分的书面变更支持文件；

（5）变更支持文件和变更要求之间具备内在的逻辑联系。

一份完整的变更建议书一般包括：

（1）总论部分：一般是对变更事件的综述，提出费用影响和工期影响程度。

（2）合同印证部分：是变更的基础，是最关键的部分。合同印证的内容来自工程项目的合同文件以及所有能够证明变更成立的证据资料。

（3）变更影响额度计算部分：包括费用影响和工期影响，可以分别分项列出。对于比较繁琐的，可以附上附件依据。

（4）支持性文件部分：即支持变更成立的支持性文件，一般是以附件形式，可以是包括项目执行过程中涉及政治、经济、技术等多方面的资料，以及现场记录等。

五、协商、谈判

变更单提交后，就会与业主就正式提交的变更进行协商、谈判，相关部门可应变更小组的要求参与协商、谈判过程，或提供相关意见和建议。协商、谈判过程中，项目变更小组负责按照业主的要求补充相关支持文件。

对于业主提出或双方经过协商、谈判后达成一致同意的变更，项目部应及时要求业主签发正式的变更单，或及时与业主签订相关的变更补充协议。变更补充协议是指业主和承包商之间就合同变更的相关内容签订的作为工程承包合同组成部分的补充协议。变更补充协议和变更单形式不同，性质一样，具体采用何种形式根据业主的要求和工程承包合同的规定来确定。变更补充协议为合同不可分割的组成部分。

以下变更流程图（图 4–3）供参考。

六、其他解决方案

对于双方经过协商、谈判无法达成一致的变更，项目相关专业人员应对此进行分析和评估，提出解决方案。组织公司相关部门审核后，反馈相关意见和建议，采取建议向业主妥协的方案，或建议由第三方调解、仲裁（诉讼）的方案，进行最终审议。

七、变更中应注意的问题

（1）对业主（工程师）的口头变更指令，承包商要在规定的时间内向业

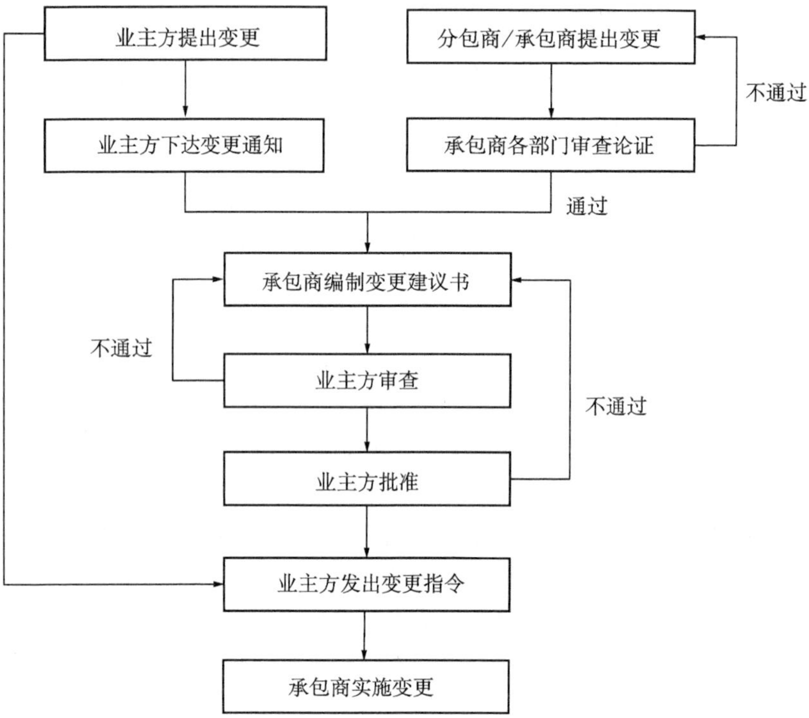

图 4–3 变更流程图

主工程师索取书面确认，工程师的书面变更指令是支付变更工程款的先决条件之一。

作为承包商，在面对业主的口头变更指令时，为防止拖延和遗忘，合同管理人员要立刻起草书面确认信，让业主工程师予以确认。

（2）一般国际惯例，在颁发工程接收证书前的任何时间，业主（工程师）发布的变更指令承包商应当遵守并执行。但必须注意的是，工程变更不能超过合同规定的工作范围，也就是变更是为了实现最初的合同目标，不能超过原合同目标。

如果超过这个范围，承包商有权不执行变更，或坚持先定价后变更（即以签新合同形式）。

如果承包商对业主（工程师）做出的决定不满意，要马上向其指出（因为有的合同对此有严格的时间限制），然后通过其他途径，如：与工程师进一步商谈；与业主进一步商谈；通过合同约定的争议裁决委员会的程序解决争议等。

（3）变更的执行一般都在价格商定之前，一般工程变更已成为事实的情况下，价格谈判常常迟迟达不成一致，承包商处于非常被动的地位。因此要做好变更中的各种记录，该记录会成为将来一旦发生变更争议时的有力依据。

（4）承包商不能擅自进行变更，即使是图纸错误或有其他问题，也要首先通知业主（工程师），经批准同意后方可变更。否则不但无法得到相应补偿，还有可能发生赔偿。

需要注意的是，无论哪种原因引起的变更，承包商都应按合同约定的变更处理程序进行管理。对于不属于工程变更范围内的，并且依据合同条款属于补偿事件或索赔事件的，应以索赔报告（或其他形式的文件）上报业主。

第五章　国际工程建设项目索赔

第一节　概　　述

一、变更与索赔的联系与区别

广义的变更（Variation）是指在原定计划、内容或方式的基础上发生的变化和更改。合同中的变更则是指合同中规定的工作量、质量、标高、位置、类型、工作方法或工序发生变化或更改。在通常情况下，合同中的变更被理解为由业主指示和发起的，按照合同中的规定对合同中规定内容进行修改。通常情况下，在颁发工程接收证书前的任何时间，业主有权发布变更指令，并要求承包商提交变更建议书，只有在承包商及时书面通知业主其难以取得变更所需的设备或原材料等时变更可暂缓或不予执行，否则承包商应遵守并执行该变更。业主在接到承包商发出的书面通知后，应及时作出取消、确认或改变原变更的指示。

索赔是权利主张，是要求获取应该属于自己的东西，也是要求补偿己方受到的损失的权利。索赔是维护合同签约者合法利益的一项根本性的管理措施。

在工程承包实践中，索赔实质上是承包商和业主之间在分担合同风险方面重新分配责任的过程。在合同实施阶段，当发生政治风险、经济风险和施工风险等意外困难时，工程成本大幅增加，可能大大超过投标时的计划成本，因而应重新划分合同责任，由承包商和业主分别承担各自应承担的风险费用，对新增的工程成本重新分派。在工程承包活动中，索赔是签订合同的一方依据合同的有关规定，向另一方提出调整合同价格，调整合同工期，或其他方面的合理要求，以弥补己方的损失，维护自身的合法权益。

FIDIC1999 年第 1 版 EPCT 合同条件第 20.1 款“承包商的索赔”中规定，如果承包商认为，根据合同中任何条款或与合同有关的其他文件，其有权得到竣工时间的任何延长期和（或）任何追加付款，承包商应向雇主发出通知，说明引起索赔的事件或情况。该通知应尽快在承包商察觉或应察觉该事件或情况后一定时间范围内发出。如果承包商未能在上述时间范围内发出索赔通知，则竣工时间不得延长，承包商应无权获得追加付款，而业主应免除有关该索赔的全部责任。承包商还应提交所有有关该事件或情况的、合同要求的任何其他通知，以及支持索赔的详细资料。业主在收到索赔报告或对于索赔的任何进一步证明资料后的一定时间范围内，或在业主可能建议并经承包商认可的其他期限内做出回应，表示批准，或不批准并附具体意见。业主还可以要求任何必要的进一步资料，但其仍要在上述时间内对索赔的原则做出回应。从以上对变更和索赔的解释和分析中可以看出，变更和索赔可能在以下几方面存在区别：

（1）发起人不同。变更通常由业主发起，由承包商执行，再由双方根据合同规定或协商确定变更对原合同价格、工期及其他方面的影响；索赔通常由承包商发起，再由业主与承包商双方协商，如双方难以达成一致则进入争议解决程序。

（2）发起时间不同。变更通常在变更事项发生前被发起，这是由变更的性质所决定的；而索赔通常在索赔事项发生后被发起，即索赔方在提出索赔时造成其索赔的事实已经发生，索赔方以该事实为依据而享有了一定的权利，因此可以向被索赔方主张该权利。

（3）发起原因不同。变更通常可以由业主根据项目和自身情况和需要随时发起；而索赔一般是由于被索赔方未履行或未完全履行其合同义务，被索赔方的过错行为或第三方行为导致，并由索赔方发现并向被索赔方提出。

（4）发生前提不同。变更的发生一般为业主的指示，发生前并没有造成不良后果，即遭受损失或者获得不当利益，而索赔的发生前提一般为自身的合法权益已经受到了侵害，因而向侵害方提出索赔。

（5）适用范畴不同。变更一般适用于合同范畴，而索赔除适用于合同范畴外，更常见于法律范畴，如民事侵权后的索赔等。

二、索赔提起的原因

虽然索赔事件与索赔起因具有一定的联系，甚至有时候二者还具有一致性，但是索赔的起因是指引起索赔事件或者干扰事件的原因。也就是说，在逻辑上索赔起因与索赔事件具有一定的引起与被引起的因果关系。具体而言，国际工程建设项目索赔的起因可以分为以下四种。

（一）合同违约

合同违约是索赔的一个起因，它包括合同一方没有严格履行合同约定的义务，比如不按照合同要求支付工程款；也包括没有正确的行使合同赋予的权利，对工程建设的管理出现失误等情形。

（二）违法违规

某些法定权利义务在合同中并没有约定，或者在合同中做了相反的约定，合同一方在没有违反合同的情况下却可能已经违反了合同适用法律，如果合同另一方由此遭受了损失，则该方有权提出索赔。

（三）有争议的合同变更

合同一旦签订，原则上是不应该再进行变更的，但由于工程建设合同的不可预见性非常强，业主作为工程的投资者，考虑更多的是其投资之后的回报，因此，业主会时刻关注建设工程的进度、施工设计方面对其投资的最终影响。一旦在工程建设过程中发现有影响该项投资回报率的不利因素，比如工程的设计已经不合时宜、工程进度偏慢等，就会亲自或者通过工程师向承包商发出指令更改施工设计的要求、加快工程进度以缩短工期。针对业主发出的变更指令，如双方在工期或费用补偿等方面存在争议，同时承包商又已经按照业主要求执行了该变更，则变更很大程度上会转化为索赔。

（四）不可抗力

广义的不可抗力可以包括外部环境的变化，如法律政策环境、市场价格环境、货币汇率、自然条件等各方面的变化。这些外部环境的变化有时会对工程造成非常大的影响，有些变化甚至会直接导致项目的暂停或终止，因此，不可抗力是造成索赔事件发生的一个重要原因。 狭义的不可抗力是指各种不可预见、不可避免，以及不可克服的“天灾人祸”事件，如地震、洪水、战争等，它们是索赔发生的常见起因。不可抗力一般是法律规定的各种免责情况中的一种，在工程实践中，不可抗力发生时合同双方一般都无过错，则由不可抗力造成的工程损失应由双方共同承担，而不是由业主或承包商独自承担，否则将有失公平，任何一方都可诉诸法律。

三、索赔的分类

国际工程索赔所涉及的内容较为广泛，从不同的角度以及依据不同的标准可将索赔进行如下分类。

（一）按索赔的标的分类

就索赔的标的而言，可分为工期索赔、费用索赔和其他索赔三类。

1. 工期索赔

从承包商角度来讲，工期索赔是指不是由承包商造成的，而是由于客观原因或是业主方面的原因而导致的工期延误，承包商向业主提出要求延长工期，使原定的工程竣工日期顺延一段合理的时间。合理的工期延长，可以使承包商避免承担延期罚款。

在工期索赔中，一种是不涉及费用的索赔，如恶劣的气候影响等，发生这种情况，既不是业主的责任又不是承包商的责任，只能索赔工期延长而不附带任何费用；另一种工期索赔是承包商既要求延长工期，又要求对工期延误造成的损失给予偿付，即附带费用的工期索赔。通常，承包商要求延长工期的主要理由有：（1）由于不可抗力造成的工程损坏需要修复；（2）恶劣的天气的影响；（3）业主拖延了施工现场的移交；（4）一些意外的原因（非承包商原因）使工程所需的材料、设备未能及时到货；（5）有组织的工人动乱和罢工;（6）业主指定分包的延误等。

2. 费用索赔

费用索赔的目的是要取得合理的经济补偿，包括成本支出和利润。在合同履行过程中，如果承包商发生的费用超过了预算费用，且费用超支的责任不在承包商方面，也不属于承包商的风险范围，则承包商有权向业主要求补偿不应该由承包商承担的经济损失或者额外开支，也就是取得合理的费用补偿，甚至包括合理的利润。

根据 FIDIC《土木工程施工合同条件》（红皮书）规定，承包商可索赔费用的项目主要有：（1）组成合同的多项文件有差异或含糊，而工程师发出指示解释或修正；（2）工程师在合理的时间内，未曾或不能发出承包商所要求的图纸和指示；（3）意外发生了不可预见的自然情况和人为障碍；（4）根据工程师或其代表提供的错误的数据进行放线；（5）根据工程师的指令钻孔或挖深坑；（6）对意外风险引起的损坏修理和恢复；（7）遵守法令或法规已支付的费用；（8）在现场发现化石、钱币、有价值的物品或文物、建筑结构及具有地质或考古学价值的其他遗迹或物品；（9）承包商为运输建筑机具设备或工程预制构件而保护或加固公路或桥梁；（10）按工程师书面要求，承包商提供给其他承包商、业主的工人或有关机构当局使用道路、脚手架或设备及其他服务；（11）要求的样品是合同中没有明确或没有规定提供的；（12）要求的试验是合同中没有明确或没有规定进行的，且试验表明工程是完好合格的；（13）工程师指示承包商剥露或凿开工程的任何部分，并发现该部分是符合合同规定的；（14）命令终止工程并对工程进行维护和安全看管；（15）按命令终止工程后，持续 84 天或更长时间未答应再开工，致使工程被视为业主取消该部分工程；（16）业主未能将要求的现场提供给承包商占用；（17）按要求进行了修理、修改、重建或校正等工作；（18）工程变更；（19）由于增减工程数量或性质致使工程中某项单价或价格变得不合理或不适应，而必须改变单价或价格；（20）按照整个工程接受证书，发现完成金额比接受标价信函中总额降低量超过 15%，使原期望的收益减少，承包商可索赔利润损失；（21）法规的变化导致承包商在工程实施中增加成本，如调整关税、汇率变化等。

3. 其他索赔

除了以上工期索赔和费用索赔外，索赔方的目标还可能是为了挽回名誉、获取后续项目等其他目标。

（二）按索赔的当事人分类

1. 承包商与业主之间的索赔

承包商与业主之间的索赔是国际工程索赔中最常见的索赔形式。承包商向业主提出工期索赔或费用索赔，业主评审承包商的索赔要求；或者业主向承包商提出损失补偿的要求，即进行反索赔。

2. 总承包商与分包商之间的索赔

总承包商和分包商根据签订的分包合同，互相都有提出索赔的权利，以维护自己的利益。分包商向总承包商提出的索赔要求，经总承包商审核后，凡是属于业主责任范围内的事项，均由总承包商汇总后再向业主提出；凡是属于总承包商责任范围内的事项，则由总承包商同分包商协商解决，当然总承包商通常也有反驳、拒绝或者部分拒绝的权利，即反索赔。

3. 承包商与供货商之间的索赔

承包商在项目中标后，根据合同规定向设备制造厂家或材料供应商询价订货，签订供货合同。供货合同中一般规定了供货商提供的设备型号、数量、质量标准、供货时间、供货地点和运输方式等具体要求，如果供货商违反合同规定而使承包商蒙受经济损失（包括因质量不符合技术要求、数量上的短缺、延迟交货、运输损坏等），承包商有权向供货商提出索赔，反之，如果供货商充分履行合同义务后，承包商未按时支付货款，供货商也有权向承包商提出索赔（包括延期支付货款利息以及违约金）。

（三）按索赔的处理方式分类

1. 单项索赔

单项索赔就是采取一事一论的索赔方式，即在每一件索赔事项发生后，报送索赔通知书、编写索赔报告，要求单项解决支付。通常引起单项索赔的原因单一，避免了多项索赔的相互影响制约。单项索赔要求项目的合同管理人员能够迅速识别索赔机会，对索赔作出敏捷的反应。

2. 综合索赔

综合索赔又称为一揽子索赔，是指将整个工程中所发生的数项索赔事项综合在一起进行索赔。综合索赔是指在特定的情况下采用的一种索赔方法。在一些大型复杂工程中，由于同时发生多个干扰事件，难以分清各个事件的影响，可采用综合索赔的方式解决。有时，某些单项索赔的原因和产生的影响都很复杂，或者由于单项索赔中遗留下来的意见分歧较大，未能及时解决单项索赔时，也采用综合索赔的形式。由于综合索赔的干扰事件较多，原因、责任和影响分析较为困难，因此索赔报告编写的难度较大，索赔证据资料收集也较困难，此外，综合索赔的索赔额度一般较大，因此处理往往比较困难。

四、索赔的依据

索赔的依据一般分为合同依据、法律法规依据和国际惯例依据三种。合同依据是指合同双方签订的合同文件，法律依据是指合同中规定的适用法律及工程所在国法律，国际惯例依据是指国际上普遍认可的行业惯例。

（一）合同依据

1. 承包商向业主索赔的有关合同依据

FIDIC1999 版施工合同条件中的很多条款都明确或隐含规定了承包商的索赔权力，在发生索赔事项的情况下，承包商有权依据相应的条款要求相应的工期延长或者费用补偿。明确指出承包商有索赔权的条款被称为承包商可引用的明示索赔条款，而根据索赔事项的性质可根据条款的规定推论出承包商有索赔权的条款被称为承包商可引用的默示条款。

第 8.4 款［竣工时间的延长］即是关于承包商有权获得工期延长的明示条款。在该款中规定，如果由于以下原因使得合同所要求的竣工受到或将受到延误：

（1）变更（根据第 13.3 款［变更程序］的规定已经调整了竣工时间的情况除外）或合同中某项工作量显著变化；

（2）根据本合同的某些条款有权获得工期延长的其他原因；

（3）异常不利的气候条件；

（4）由于流行病或政府行为造成的可用人员或货物的不可预见的短缺；

（5）由业主、业主人员或现场的业主其他承包商所造成或引起的任何延误、妨碍或阻碍。

承包商有权根据第 20.1 款［承包商的索赔］提出延长竣工时间，工程师则对承包商提出的工期延长要求进行审查，决定是否给予工期延长。

此款是承包商要求获得工期延长的依据，在许多条款都明确规定承包商可以依据此款来要求工期延长。涉及该款的典型条款有以下几条。

（1）第 1.9 款［延误的图纸或指示］：由于工程师未能在合理的时间或承包商通知中要求的时间内发出图纸或指示，使承包商遭受延误和（或）增加费用，承包商应再次通知工程师，并根据第 20.1 款［承包商的索赔］的规定，有权根据第 8.4 款［竣工时间的延长］的规定对此类延误要求相应的延长期，以及将此类费用和合理利润计入合同价格并给予支付。

（2）第 2.1 款［现场进入权］：业主应该在投标书附录中规定的时间内给予承包商进入现场、占用现场各部分的权利。如果业主未能及时给予承包商进入和占用现场的权利，使承包商遭受延误和（或）增加费用，承包商应向工程师发出通知，并根据第 20.1 款［承包商的索赔］的规定，有权根据第 8.4 款［竣工时间的延长］的规定对此类延误要求相应的延长期，以及将此类费用和合理利润计入合同价格并给予支付。

（3）第 4.7 款［放线］：承包商按照合同规定的或工程师通知的原始基准点、基准线和基准标高对工程放线。如果承包商在实施工程的过程中由于这几项基准的某项错误遭受延误和（或）增加费用，而此类错误是有经验的承包商不能合理发现并避免的，那么承包商有权根据第 20.1 款［承包商的索赔］的规定，根据第 8.4 款［竣工时间的延长］对此类延误要求相应的延长期，以及将此类费用和合理利润计入合同价格并给予支付。

（4）第 13.7 款［因法律改变的调整］：如果基准日期后工程所在国的法律有所改变，或者对此类法律的司法或政府解释有所改变，由于此类改变使承包商遭受延误和（或）增加费用，承包商有权根据第 20.1 款［承包商的索赔］的规定，根据第 8.4 款［竣工时间的延长］对此类延误要求相应的延长期，以及将此类费用计入合同价格并给予支付。

除以上有关条款中规定的承包商应有实体性权利外，根据 FIDIC1999 版施工合同条件，承包商还具有一些程序性权利，双方索赔人员可以引用适当的条款来论证自己的索赔权。如根据施工合同条件第 20.1 款［承包商的索赔］中的规定，承包商应被给予合理的期限提出索赔和得到回复。

（1）发出索赔通知的合理期限：承包商在觉察或本应该觉察该事件或情况后的 28 天内，如果承包商认为根据本条件任何条款或与合同有关的其他文件，承包商有权得到竣工时间的任何延长和（或）任何追加付款，承包商应尽快向工程师发出通知，说明引起索赔的事件或情况。

（2）提交索赔报告的合理期限：在承包商觉察（或应已觉察）引起索赔的事件或情况后的 42 天内，或承包商建议并经工程师同意的其他时间内，承包商应向工程师提供充分详细的索赔报告，包括索赔依据、索赔的工期和款额。若事件的影响是持续性的，则该详细的索赔报告应被视为临时的，以后承包商应按月递交进一步的中间索赔报告，说明累计的索赔工期和（或）款额，以及工程师可能要求的其他资料。承包商应在事件结束后的 28 天内或工程师同意的其他时间内提交最终索赔报告。

（3）索赔处理的合理期限：在收到每份索赔报告后的 42 天内，或工程师建议并经承包商同意的其他时间内，工程师应作出回应，予以批复。若不批准，则应说明原因。工程师可以要求承包商提交进一步的证据，但工程师仍要在上述期限内给出原则性的答复。工程师应根据第 3.5 款［决定］和第 8.4 款［竣工时间的延长］来处理索赔。每份期中付款证书只包括已经被合理证明并到期应付的款额，当承包商提供的证据不能证明全部索赔款额时，承包商只能得到已经证明了的部分。

2. 业主向承包商索赔的有关合同依据

FIDIC1999 版施工合同条件中涉及业主向承包商索赔的条款比土木工程施工合同条件第四版要多，在一些条款中明确指出业主有权根据此款的规定要求某项权利。如在第 4.2 款［履约保证］中规定，如果承包商未能按照合同条件的要求延长履约保证的有效期，业主可以索赔履约保证的全部金额；或者如果承包商未能在商定的时间内，将按照第 2.5 款［业主的索赔］或第 20 条［索赔、争议和仲裁］规定确定的承包商应付的金额支付给业主，业主有权对履约保证提出索赔。再有如 FIDIC1999 版施工合同条件第 2.5 款规定了如果业主认为根据合同的规定有权向承包商索赔某些款项，和（或）对缺陷通知期的任何延长，业主或监理应向承包商发出通知，并附详细说明书。业主应在意识到引起索赔事件发生后尽快发出通知。如果要求延长缺陷通知期，则索赔通知应在缺陷通知期届满之前发出。但对承包商根据第 4.19 款［电、水和燃气］或第 4.20 款［业主设备和免费供应的材料］规定的到期应付款，或对于承包商要求的其他应付款，不需要发出通知。监理应根据通知和所附的详细说明书，包括业主索赔所依据的条款或其他依据，决定承包商支付业主的赔偿额和缺陷通知期的延长时间。

（二）法律法规依据

在一般的工程承包合同里通常会规定该合同适用于工程所在国的法律，或在某些特殊情况下双方商定其他国家的法律作为适用法律，该适用法律对合同具有最终的解释权。适用法律在合同执行过程中的变化将对承包商具有很大的影响，而作为承包商只能被动接受该变化引起的后果。但在通常情况下，由于工程所在国业主一般都具有左右工程所在国法律法规变化或参与相关法律法规制定的能力，因此，在合同中一般都会规定承包商具有依据适用法律变化申请合同变更索赔的权利，这也体现了对合同签订双方的公平性和公正性。总承包合同中对适用法律变化（Change in Law）应有明确的定义，一般规定适用法律变化应具备以下条件：

（1）具有修改适用法律权限的当地有关政府部门颁布、修改、补充、废止了与工程有关的适用法律；

（2）具有修改适用法律权限的当地有关政府部门颁布、修改、补充、废止了承包商向有关政府部门申请工程许可，证照，授权或批准的颁发、更新或修改的条件；

（3）以上两种情况须发生于合同签订以后，并造成以下影响：

①导致承包商承担的税费变化；

②工程的设计、采购和施工的要求发生变化；

③对承包商的义务产生重大影响。

发生在合同签订前或报价有效期结束前的适用法律变化将无权申请变更索赔。

对承包商影响较大的适用法律变化包括劳动法、税法以及有关分包与采购相关法规等，以下将分别介绍。

1. *劳动法*

劳动法是调整劳动关系以及与劳动关系密切联系的社会关系的法律规范总称。劳动法条文规定雇主及雇员的关系，并保障各方面的权利及义务。工程所在国的劳动法对项目的投标和执行策略等方面有重要的影响，对劳动密集型的工程承包项目影响尤为巨大，是承包商为保障项目顺利进行必须熟悉的一部法律。工程所在国的劳动法对项目影响包括项目投标报价阶段的人力成本计算及人员计划制订，国内管理人员动员，国内施工队伍动员，当地管理人员招聘，当地劳动力招募，项目执行阶段的人力资源管理等方面，具体需要考虑以下问题：

（1）工程所在国劳工管理由哪个或哪些政府部门负责，项目执行过程中时刻关注该部门颁布、修改、补充、废止了哪些劳工政策和规章，并及时对其进行反应。

（2）工程所在国对外籍雇员的工作签证和配额问题。有些国家（如伊朗）为保障本国国民就业，对外籍人员发放工作签证审批十分严格，这就使承包商无法从国内动员大批施工人员到工程所在国，甚至动员部分管理人员都成问题，这就对项目执行造成了很大的困难。

（3）申请外籍雇员工作签证的时间问题。由于有些国家对外籍雇员工作签证审批十分严格，因此审批时间较长。预先考虑并预留工作签证办理时间，在工程所在国雇佣有能力的当地雇员协助办理工作签证，以及要求业主给予协助等方式都可以有效预防因人员签证问题造成项目延误的情况发生。

（4）法定工作时长及休假制度。有些国家对劳工每周最长工作小时数有很严格的要求，超过该最长小时数一经举报将给予重罚。同时有些宗教国家节日和法定假期较多（如伊斯兰国家），因此在雇佣当地员工较多时应考虑如何有效安排人力资源计划，以防止人力资源短缺造成项目延误的情况发生。

（5）法定最低工资及工伤赔偿等问题。劳动法一般都会有关于劳工最低工资的规定，每年或每隔几年劳工部会对最低工资数额进行更新，承包商应注意遵守该规定。劳工伤害问题不仅关系到承包商对受害人的伤害赔偿，同时还会关系到承包商在当地劳动市场的信誉以及与当地劳工部门的关系等，承包商一般都会通过合理签订雇佣合同和为员工购买商业保险等形式规避工伤问题带来的风险，但伤害事件发生后，承包商对当地劳工的态度对于解决该类问题的作用不容忽视。

2. 税法

税法即税收法律制度，是调整税收关系的法律规范的总称，是国家法律的重要组成部分。它是调整国家与社会成员在征纳税上的权利与义务关系，维护社会经济秩序和税收秩序，保障国家利益和纳税人合法权益的一种法律规范，是国家税务机关及一切纳税单位和个人依法征税的行为规则。工程所在国的税法对承包商的成本影响巨大，是承包商在投标报价过程中需要首先考虑和研究的法规之一。承包商需要关注的税费问题包括：

（1）工程所在国政府对承包商征收的税费种类、费率和计税基础，一般来说包括公司所得税、个人所得税、增值税、员工社会保险等；

（2）税费征收方式；

（3）税法对外国公司和当地公司的区别规定；

（4）税法对税务注册的要求；

（5）税收减免政策；

（6）固定资产折旧有关规定；

（7）当地员工和外籍员工个人须缴税种类及费率；

（8）预扣税有关规定；

（9）关税。

税务问题是直接影响承包商在工程所在国的成本控制的第一重大问题，需要从项目前期在当地注册机构开始即介入税务问题的研究，分支机构的注册类型和注册区域将对税收有很大影响，因此，建议在前期调研过程中聘用当地律师事务所等熟悉当地税收政策的机构作为支持机构，为之后的项目投标、执行以及关闭打下良好的基础。

3. 分包与采购相关法规

有些产油国会针对在其境内开展的经营活动专门出台规定使用当地份额的法律，如伊朗出台的“Iranian Local Content Law”。当地份额法律法规一般会规定在当地开展的经营活动包括石油工程建设项目等涉及的分包和采购必须实现一定比例的当地化，即雇佣一定比例的当地分包商及在当地采购一定比例的物资，该法律规定对承包商的成本控制、分包与采购策略、项目质量控制等影响巨大，是承包商在项目前期不得不考虑的重要因素。

在工程所在国当地人员雇佣上，当地份额法律法规一般也会做出相关规定，即当地雇员与外籍雇员的雇佣比例问题。当雇佣一个外籍雇员时，必须相对应的雇佣数个当地雇员（不同国家规定比例不同，如伊朗为1：3），如违反该规定一经发现劳工部门将给予重罚。

进出口控制和关税对承包商的采购工作有很大影响，一般来说，承包商应考虑：

（1）工程所在国对进口和再出口货物有哪些限制性规定；

（2）对进口及再出口货物的限制性规定中哪些是完全性禁止，哪些是条件性禁止，哪些是临时性禁止；

（3）违反进口和再出口货物限制性规定后如何处罚；

（4）对特殊或超大型施工设备有哪些限制性规定；

（5）对特殊或超大型施工设备临时进口和再出口有哪些限制性规定；

（6）各种物资的关税税率；

（7）为特殊目的进口的货物关税减免的有关规定；

（8）工程所在国签署并遵守哪些有关进出口的国际公约和协议；

（9）当地海关在何种情况下有权扣留货物或延误进口和清关，承包商拥有哪些申辩权。

（三）国际惯例依据

国际惯例按照其表现形式一般可以分为不成文惯例和成文惯例两类。不成文惯例通常为国际社会普遍认可和遵守的参与国际交往的原则和规范，如契约自由原则、诚实信用原则等。成文惯例指由国际组织或学术团体对不成文惯例进行整理编纂后的成文形式，如现在应用较为广泛的《国际贸易术语解释通则》和《跟单信用证统一惯例》等。国际惯例按照其效力一般可分为规范性惯例和合同性惯例。规范性惯例属于强制性规范的范畴，对当事人各方具有普遍拘束力，即无论参与国际交往的当事人是否愿意采纳，这类惯例都对他们具有国际法上的拘束力，如国家及其财产豁免原则等。合同性惯例是国际商事交易领域内的主要惯例，此类惯例属于选择性或任意性惯例，其效力取决于国际商事交易中当事人各方的自愿采纳，它们的适用以当事人各方的共同意愿表示为前提。一旦当事人各方明示或默示地表示关于他们之间的权利义务关系适用某惯例，该惯例即对他们具有法律上的拘束力。

国际工程建设领域涉及的国际惯例多为成文的合同性惯例，合同双方在法律允许的范围内自愿适用各种国际惯例，惯例的效力多取决于合同条文中的明示性规定。但在某些情况下，合同中并未规定或未完整规定该工程应适用的所有国际惯例，在出现纠纷时，合同一方也可根据该特定领域内人们广泛认可和遵守的惯例提出索赔申请。在工程实践中，依据未写入工程合同中的国际惯例而获得索赔补偿较为困难，因此，在项目招投标阶段和合同谈判阶段应尽量将工程所涉及的国际惯例引入合同中，为项目执行阶段减少纠纷和成功索赔打下良好的基础。

第二节　索赔的组织与流程

一、索赔的组织

国际工程建设项目的索赔离不开投标文件和合同条款。为了使项目中标后能顺利地进行索赔，承包商在投标报价阶段编制标书时就要充分考虑和分析在项目执行中有可能影响索赔的各种因素，积极组织，适时在投标报价和合同谈判中为将来的索赔预留空间。

国际工程建设项目的索赔组织在投标报价阶段即已开始。承包商应建立合理的索赔组织机构（与上一章讲到的变更组织机构基本相同，在此不再赘述），全面组织安排各职能部门和相关人员参与投标、合同执行和变更索赔工作，充分发挥各职能部门和各专业人员的优势，制定策略、协调机制，做好风险控制管理。索赔的组织应做好以下几方面工作。

（一）项目的现场勘查及当地市场调研

在人员充足的情况下，该项工作可采用专业划分制组织结构，组织合同部门人员、施工部门人员、计划控制部门的成本测算人员、财务部门人员等组成调研小组进行现场调研。全面准确的市场调研资料对编制合理的、有竞争力的标价具有重要的作用。如何在有限的投标期内，充分利用人力和时间取得必要的现场和当地市场（尤其是新开发的市场）的相关资料，满足标书编制，对承包商来说至关重要。

（二）对项目工期的合理性分析

该项工作可采用直线式组织结构，以计划控制部门的计划工程师为主，合同部门和施工部门人员等主要配合，对工期的合理性进行分析。这样的组织结构设置简单、沟通方便、权责明确。

在国际工程建设项目中，对工期一般都有明确规定。工期条款主要是用来规定承包商应在规定工期内按时完工，并且会规定误期罚款，罚款条款通常是按照延误工期的天、周或月为单位规定罚款金额。承包商在投标报价时，应充分掌握完成该项目的合理工期范围，对于业主规定的明显工期比较紧张的项目要充分考虑可能发生的工期罚款，或者提出其认为的合理工期，或者在合同偏离中特殊指出，以便给后期为索赔预留空间。

（三）对招标文件中规定的合同条件的评审

该项工作一般可采用直线式组织结构，以合同部门合同管理人员为主，其他部门参与配合。

在项目的投标、议价和合同签订过程中，承包商的合同管理人员需结合项目所在国的法律、政策、规定等，仔细认真理解招标文件中的合同条款，特别是关于合同工程范围、义务、付款、价格调整、工程变更、违约责任、业主风险、索赔时限和争议解决等条款，对一些很不利的条款要作为报价条件放入报价，提出合同偏离条件，或和业主商讨条款时加入一些保护自身权利的条款，以便为将来可能的索赔提供合法的依据和基础。

（四）项目变更单价的形成

对于固定总价合同，业主一般会规定承包商在投标书中要附有变更单价。如固定总价的 EPC 合同，除提交项目投标总价外，标书中一般还要附有各个专业的 EPC 单价、人工费单价、机械台班单价等，如果将来项目执行中，发生因业主原因的工程量变更，则承包商可以根据实际工程量变化量，采用变更单价对业主进行相关索赔。

实际变更中，既包括工程量增加的正变更，也会发生工程量减少的负变更。因此，承包商在投标时考虑的变更单价的价格水平，就要全面衡量。变更单价水平不能偏高，否则发生负变更时，从承包商总价中扣减的就会相应偏大；也不能偏低，否则发生正变更时，承包商风险太大。变更单价的确定要根据不同项目的具体情况，按实际测算制定报价水平。

（五）防止报价失误导致索赔失败的管理

为防止出现报价失误项，导致损失无法索赔，在投标报价时，就要对各部门、各专业工程师全面组织，仔细研究审核招标文件中会影响价格的细节，例如，招标书中某常规材料出现了特殊技术要求，投标时对该常规材料没有重视，因此没有注意细读技术要求说明书，导致实施中出现费用影响，则索赔无据。

（六）暂列款和不可预见费

（1）暂列款就是对某一个在业主招标时还未确定其规模，或缺少图纸或将来可能被取消的子项工程费用的暂列款额。承包商在填写暂列款的各项费用时，一定要和投标总价联系起来综合分析，尽量做到所填的各子项工程暂列款的各项费用总额，既要有利于总标价的竞争，又要有利于施工过程的索赔。

（2）不可预见费是在总价组成中一般都要包含的一项，需要承包商在报价时适当考虑，减少项目执行风险，但同时又要考虑投标总价的竞争性。

二、索赔的流程

根据国际工程建设项目索赔在投标报价阶段及索赔跟踪阶段的工作内容，前端索赔流程主要可以参考以下几个步骤。

（一）对招标文件的潜在索赔风险因素分析

（1）对招标条件进行风险因素分析，掌握招标过程、评标的规则和各项要求，了解投标风险，对投标报价工作做出具体安排，确定投标策略。

（2）对工程技术文件进行风险因素分析，了解承包商具体工作范围、技术要求、质量标准。发现其中的不确定性风险因素，制订实施方案，以便为今后发生索赔做好基础。

（3）合同评审。全面分析合同协议书和合同条款，注意合同条款的完备性。

实际工程中，有些业主认为合同条款不完备时自己更加占据主动权，可以加以利用以便推卸自身责任，增加承包商的合同责任和工作范围；而有些承包商则认为合同条款不完备是索赔的机会。这样的理解均存在的问题有：业主应对自己起草的招标文件的缺陷、错误、矛盾承担责任；上述中的责任虽由业主承担，但承包商能否有理由提出索赔以及获取成功，尚不确定；合同条款的不完备会造成双方对责任和权利的理解错误，损害工程总体目标。

（二）制定索赔风险的应对策略和方案

1. 回避策略

如承包商发现项目有超过自己承受能力的风险因素，且索赔无望，则要考虑退出竞争。

2. 在报价中充分考虑，减少（避免）后期索赔发生

可以通过提高报价中的不可预见费；采用一些报价策略，如开口报价、多方案报价、将风险较大项采用成本加酬金方式结算等；增加报价条件或说明，在投标书中加入保留条件或附加说明，给合同谈判和今后索赔预留空间。

3. 通过谈判完善合同条件，合理分担风险

通过合同体现双方的责权平衡和公平合理，这是实际工程中使用最为广泛和有效的对策。充分考虑项目实施过程中可能发生的情况，在合同中予以具体规定，防止今后可能的索赔出现。对一些风险较大的合同责任可考虑转移给业主，如战争安保风险等。

标书提交后，积极跟踪投标中制定的索赔风险应对策略和方案的结果，及时与招标方沟通交流。

（三）中标后积极关注和跟踪可能发生索赔的事件（情况）

根据 FIDIC 合同条件对索赔程序的规定，同时结合承包商在索赔过程中需要做的工作内容，下面将索赔过程阶段的工作流程细分为以下几个步骤。

1. 提出索赔通知

一般情况下，承包商应在不迟于察觉引起其索赔的相关事件或情况后 28 天内或合同规定的时间内向监理工程师或业主代表提出书面索赔申请通知。如果承包商未在规定时间内发出索赔通知，则竣工时间不得延长，也无权获得追加付款，而业主免除有关该索赔的全部责任。

索赔通知书只需描述引起承包商认为自己有权索赔延长期或追加付款的事件或情况，或说明索赔依据的合同条款，而不需要表明可能要求的具体多少延长期或付款额。

2. 承包商的内部资料整理准备过程

（1）收集搜索索赔依据和证据，索赔依据要符合合同规定，可以为索赔事件（情况）提供充足理由。索赔证据是索赔的有效前提条件，根据 FIDIC 合同条件，承包商最多只能获得能够通过证据证实的那部分索赔要求的支付。

（2）收集、分析、对比实际和计划的施工进度、成本和费用方面的资料，

用于计算索赔值。

3. 递交索赔报告

在提出索赔通知以后，承包商应该在规定时间内递交一份详细的索赔报告。为使该报告翔实充分，承包商应事先收集整理好相关索赔资料，报告中要包括索赔的依据、要求延长的时间和（或）追加付款的全部资料证据。

如果引起索赔的事件或情况具有连续影响，则承包商应按月或每隔一定时间提交一份中期索赔报告，说明累计索赔的延误时间和（或）款额，以及事件或情况的发展动态，或者提交监理工程师或业主代表合理要求的关于该索赔的其他相关资料。在索赔事件或情况影响结束后的规定时间内，要提交最终报告，提出全部具体索赔延误时间和（或）款额，附上全部索赔支持性文件资料。

索赔报告的一般要求如下：

（1）事件真实、准确。对索赔事件在索赔报告中应真实准确的描述，不能主观臆测、弄虚作假或缺乏证据。为了证明事实的准确性，索赔报告书后要附以证据资料，以便业主和工程师审核。

（2）对索赔事件的论述要具有逻辑性。要能够将索赔事件的原因、责任、依据的合同条款、影响形成明确的逻辑关系，要说明在客观事实与索赔损失之间的必然联系。

（3）索赔报告条理清楚，层次分明。在索赔报告的前端要简明扼要的综述索赔事件、理由和索赔要求，让业主和工程师一开始就对索赔报告的整体内容及要求有一个大致了解；再逐步详细论证，进行事由介绍和损失计算分析；最后附上过程证明材料及相关附件。

（4）文字简明，用词恰当。索赔报告的用词既要准确表达自己的合理要求，又要主动避免使用强硬不友好的词语，切忌有指责的语气出现。

4. 业主审查索赔报告。

承包商提交索赔报告后，业主即应开始审查承包商的索赔申请和报告，包括建立自己的索赔档案、审查索赔成立条件，从事件（情况）发生的原因和责任范围、合同有关条款、承包商的索赔证据和同期记录、承包商提出的索赔补偿要求和计算的合理性方面初步确定应予补偿的延误时间和（或）款额。

5. 双方协商解决索赔

在完成了上述程序步骤后就需要双方进行友好协商谈判，各自根据支持性文件（包括现场证据资料、合同文件规定及相关法律等）达成一致解决方案。

每次谈判前，应该确定谈判原则、策略和具体做法，明确问题处理的原则和能够做出的最大让步。谈判时要保持清醒的意识，既要据理力争，也要在关键时刻适当让步。

在一般情况下，为了避免破坏承包商和业主间的良好气氛，以及保持今后双方的潜在合作关系，大部分的索赔案例最终是通过友好协商谈判来成功解决的。

6. 仲裁或诉讼

如果在双方协商解决不了的情况下，索赔的最终解决途径只有通过仲裁或诉讼。但在国际工程中，为了赢得在一个国家或地区的长期声誉，承包商一般不愿意贸然采取这种方式。

第六章　国际工程建设项目索赔的反驳

第一节　概　　述

一、含义

在国际工程建设项目整个生命周期中，业主与承包商之间，承包商和分包商之间，为执行工程项目形成的联合体成员之间，承包商与材料、设备供应商之间，都可能有双向的索赔。本书所述的索赔，仅限于国际工程建设项目承包合同履行过程中，业主与承包商之间的相互索赔。合同一方当事人因对方未履行或未完全履行其合同约定的义务，或者因其他不可归责于自身的原因，而付出了额外的时间、费用或遭受损失，根据合同的约定或者法律的规定，就工程工期和（或）工程费用，向对方提出顺延工期、赔偿费用的要求，而合同相对方对一方提出的此类顺延工期、赔偿费用等索赔要求进行否定、反对和驳斥，本书将这种否定、反对和驳斥通称为索赔的反驳。针对合同相对方的索赔要求，以合同、法律和其他事项为依据，反驳和拒绝对方的不合理要求或索赔要求中的不合理部分，这就是反驳索赔的基本内涵。

在合同实施过程中，合同双方都在进行合同管理，并寻找索赔机会。一旦有干扰合同实施的事件发生，双方都会依据合同寻找索赔机会，以减少自己的损失，使自己的合同利益最大化。无论是业主还是承包商，如果不能有效地反驳索赔，那么就可能要面临无法反击对方索赔，从而承担不必要的损失，所以索赔的反驳与索赔有同等重要的地位，在国际工程建设项目中尤其如此。

二、特点

反驳索赔的目的是防止或减少损失的发生，与索赔相比，有其自己的特点。

（一）时间

反驳索赔是在索赔方提出索赔的过程中，或者提出索赔后提出的。

（二）对抗性

反驳索赔是根据法律、双方约定和惯例解决问题的过程，是针对索赔主动做出的还击，对对方的索赔要求进行反驳与对抗，不让对方的索赔成功或者全部成功。在对方同样存在违约行为，并且未赔偿其违约行为造成的损失时，有权拒绝赔偿，从而减少自身损失。

第二节　反驳索赔的依据

一、合同依据

（一）业主反驳索赔的合同依据

依据国际工程建设项目的惯例和实践，常见的业主反驳索赔的合同依据主要有以下几条。

1. 工程质量缺陷

国际工程建设项目合同通常都会严格规定工程质量标准，有严格细致的技术规范和质量要求。由于工程质量直接与业主利益和工程效益紧密相关，工程质量缺陷是业主反驳索赔的重要内容。

对于工程质量问题，业主承担的质量问题限于由业主负责的工作范围内，例如业主设计和业主采购等，且由业主自身错误所造成的质量问题。尽管业主的工程师依据合同有权对承包商的设计、施工方法、施工工艺、工序以及设备、材料等事项履行批准、监督和检查程序，但合同均会明确规定，任何业主、工程师的审批、检查均不能免除或减轻承包商对工程质量应负的责任。

在工程施工过程中，如果承包商所使用的材料或设备不符合合同规定或工程质量不符合合同技术规范和验收规范的要求，或出现因承包商原因造成的缺陷而承包商在收到业主按合同规定发出的通知后未在规定时间之前完成修复工作，业主有权追究承包商的责任，并以承包商所造成的工程质量缺陷为由反驳索赔。

常见的工程质量缺陷表现为：

（1）由承包商负责设计的永久工程，虽然经过工程师的复核和审查批准，仍出现了质量缺陷或事故；

（2）承包商的临时工程或模板支架设计安排不当，造成施工后的永久工程缺陷，如悬臂浇注混凝土施工的连续梁，由于挂篮设计强度及稳定性不够，造成梁段下挠严重，致使跨中无法合拢；

（3）承包商使用的工程材料和机械设备等不符合合同规定和质量要求，从而使工程质量产生缺陷；

（4）承包商施工的分项分部工程，由于施工工艺或方法问题，造成严重开裂、下挠、倾斜等缺陷；

（5）承包商没有完成合同条件规定的工作，如对工程的保护和照管，安全及环境保护等。

2. 工期延误

承包商必须在合同规定的时间内完成工程。如果由于承包商的原因造成完工日期拖延，就会影响到业主对该工程的使用和运营生产计划，给业主带来经济损失，业主有权就工期延误反驳承包商索赔或向承包商提出索赔。此时业主的索赔，并不是业主对承包商的罚款，而是业主要求承包商补偿延期完工给业主造成的经济损失。工期延误赔偿金按合同约定的赔偿金额以及延期时间进行计算，业主不需要提供任何实际损失的证据。

3. 未恰当履约

承包商应按合同要求的时间、金额，向业主提交各种履约保证。履约保证的开立方要承诺，在承包商未恰当履约的情况下，业主有权通过履约保证取得赔偿。目前国际工程建设项目中，各种履约保证基本上均为无条件见索即付保函，即只要保函受益人提出索赔要求，担保银行将无条件立即向业主支付要求的赔偿，并不要求保函受益人提供任何保函开立方的违约证据。

未恰当履约，除前述说明的质量缺陷和工期延误外，还包括合同规定的其他合同义务，例如未按期偿还预付款，未按合同要求延长保函有效期，未及时按业主要求修补质量缺陷，未采取措施补救减少工期延误，未完成质量保修义务等。

在国际工程建设项目中，常见的履约保证有预付款保函、履约保函和保留金保函等。

（1）预付款保函。预付款是指在合同签订后，开工前或工程价款支付之前，由业主预付给承包商的款项。预付款的实质是业主向承包商发放的无息贷款。对预付款的偿还，一般是由业主在应支付给承包商的工程进度款中直接扣还。为了保证承包商偿还业主的预付款，承包商应对预付款提供等额的预付款保函。若承包商不能按期归还预付款，业主就可以从相应的保函款额中取得补偿，这实际上是业主向承包商的索赔。

（2）履约保函。履约保函是承包商和保函方为了业主的利益不受损害而作的一种承诺，担保承包商按合同所规定的条件履行项目。保函金额一般为合同价的百分之十，保函期限为工程竣工期或缺陷责任期满。

当承包商违约或不能履行合同义务时，持有履约保函的业主，有权在承包商保函方银行中取得金钱补偿。

（3）保留金（保留金保函）。保留金是对履约保函的补充形式。一般的工程合同中都规定有保留金的数额，通常为合同价的5%或10%。保留金是从应支付给承包商的月工程进度款中扣下一笔合同价百分比的基金，由业主保留，如果在缺陷责任期内发生承包商缺陷且承包商未能按合同约定及时修复时，直接补偿业主的损失。所以，保留金也是业主向承包商索赔的手段之一。保留金一般应在整个工程或规定的单项工程完工时退还保留金款额的50%，最后在缺陷责任期满后再退还剩余的50%。

工程实践中，也常见在进度付款中按比例扣除保留金，在工程临时接收证书颁发之后，由承包商提交与保留金等额的保留金保函，保函有效期至缺陷通知期满。业主收到保留金保函后释放扣留的承包商保留金。由于保留金保函为见索即付无条件银行保函，业主随时有权就保留金保函进行索赔。

4. 承包商未遵循业主工程师指示

承包商未能按照业主工程师的指示完成应由其自费进行的缺陷补救工作，移走或者调换不合格的材料或重新做好，业主也可以据此反驳承包商索赔或提出索赔。

5. 工程变更或者放弃

由于承包商的原因修改、变更合同进度计划，从而导致业主增加额外费用支出，由于承包商的原因致使合同终止，由于承包商不正当放弃工程等情况，业主可以提出索赔。在承包商不正当放弃工程的情况下，衡量损失的标准是合同价格与业主此后完成工程的实际费用之间的差值，以及考虑此前业主已经支付给违约的承包商的款项和违约的承包商实际完成的工程价值。

6. 不可抗力

在不可抗力事件发生后承包商未能尽到防止扩大损失的义务，导致业主遭受不应遭受的损失，业主可以据此反驳承包商索赔或提出索赔。

（二）承包商反驳索赔的合同依据

赋予承包商反驳索赔权利的合同条款通常有以下几条。

1. 业主不按时提供现场或通行权

现场的征地是业主的一项基本义务。业主完成征地后，将现场提供给承包商，由承包商占有、使用，并赋予承包商进入现场的通行权。业主提供现场的时间及现场的条件应在合同中予以明确约定，例如是否有通向现场的道路，水、电、气的接通情况，是否需要承包商自行承担达到“三通一平”条件的工作等。

提供现场及其占有权是业主的核心义务，如果业主违反该义务，承包商可以以此反驳业主提出的相关工期、费用索赔要求。

2. 业主支付延误

支付是业主的另一项核心义务。业主不但有义务支付整个合同价款，包括执行过程中因变更等原因增加的各类调整款项，而且还必须按照规定的支付时间和方式完成支付。

3. 业主无故扣发或延误答复承包商的各类申请或设计文件批复

在项目执行过程中，许多工作需要业主的批准、指令或答复才能继续进行。如果业主无故拖延，将会影响项目执行进度和成本。业主对承包商的申请、要求或设计文件等负有及时答复或批复的义务。任何此类答复均不得被无故拖延或拒绝。

4. 业主干扰或延误须各方参加的各类检验

按期验收，参加需要业主参加的各类检验是业主应提供的配合义务。如果业主不能及时参加，应提前通知承包商，并且在合理的范围内，业主未能及时参加检验应视为对该项检验的认可，否则对业主干扰或延误检验产生的费用和工期影响，承包商有权据此反驳业主索赔或向业主提出索赔要求。

5. 业主变更工程范围、质量标准、原定工程实施方式或顺序

工程范围、质量标准及实施方式是承包商承担并实施工程的重要依据，业主的变更要求应按合同规定的变更程序，形成确定的变更单。如果业主拒绝认可相应的变更，承包商有权据此反驳业主索赔或提出索赔。

6. 业主提供的基准数据有误

承包商实施项目需要大量的基础数据和资料。针对业主提供的数据和资料，合同双方可以根据项目的具体情况约定各自的责任。在EPC合同项下，通常业主负责提供项目现场的地质、水文、环境等情况，在项目实施期间得到的关于项目现场的情况也应及时提供给承包商。此外，项目的预期目的、实施规范和标准、竣工测试和性能标准也由业主予以明确的描述和规定。对于业主提供而承包商无法验证的数据，如某些坐标点等，业主应对其正确性负责。

7. 法律变更或政府当局签发新的行政命令

因法律变更或政府当局签发新的行政命令，对项目的成本造成直接的实质性影响的情况，作为整体项目投资的风险，由业主承担相应的工期和费用。如果在合同中没有明确或规定此类事项承包商不得索赔，承包商必须在项目报价中考虑相应的风险金。

二、法律依据

世界各国对于相关合同违约、侵权及建筑物等均有不同的法律规定，依所在的法律体系不同而有所差异。需要注意的是，即使双方存在合同约定，仍应注意充分领会和运用国际法和所在国法律，利用合同惯例的基本原则和精神，如“公平交易”、“诚信”等，从合同整体去理解，结合国际法基本原则和所在国有关法律精神等，全面理解合同，寻求反击对方索赔的依据。

例如，某中东项目合同规定，“如果合同组成部分相互之间含糊不清或者矛盾时，按1.1条排列顺序确定优先权”，也就是按照合同展示件A，B，C，D，E，F，G，H，I顺序排列。在合同执行初期，承包商曾一度陷入了僵硬地遵守合同规定的困境，而该合同条款是单方面保护业主利益的，大量存在诸如无条件的“达到业主满意”，“不进行任何时间和费用补偿”等规定，同时业主也存在不配合的主观因素，给承包商执行合同增加了大量成本，延误了工期。在当地律师的帮助下，承包商查找所在国民法法典的相关规定，找到了有利于承包商的条款，如“如果合同文字表述清楚，禁止通过解释合同

歪曲合同当事人的意图”。“然而，如果合同存在一定的解释余地，那么，合同当事人共同意图的确定，必须按照交易的性质、当前习惯以及双方当事人必须遵循的诚实信用的交易原则，从合同意图和合同履行的情况综合考虑，而不应从合同词句的字面理解”。“如果合同规定含糊不清，致使合同当事人的真实意图存有疑惑，那么按照有利于履行这种规定蒙受损失的一方当事人来解释”。“特别地，如果债务人履行这种规定将导致他承担义务或义务加重，那么合同将按有利于债务人一方解释”。“对于合同中争议的解释，应永远有利于非条款提议方”。根据这些规定，承包商有力地维护了己方的利益，取得了反驳业主索赔的有力支持。

因此，在遵守合同的基础上，充分掌握并运用合同适用法律的规定，是反驳索赔的途径之一。

三、其他依据

反驳索赔的其他依据有：设计变更、施工现场条件、气候变化、物价波动、通货膨胀、情势变更、第三方责任等。

第三节　反驳索赔的有效实施

反驳索赔的有效实施应涵盖三方面的内容：一是防止或减少对方向己方提出索赔的几率。这就要求承包商在国际工程建设项目实施过程中，积极进行合同管理工作，督促项目工作按合同要求进行，杜绝或减少己方的违约行为，从而争取到不能被对方索赔的地位。二是反击和反驳对方的索赔要求。例如，通过对对方索赔报告的审核评价，对索赔报告进行反驳，从合同依据、事实情况和计算方法等方面指出其存在的错误或不准确之处，以否定其中的部分索赔款额或全部索赔款额。三是主动提出索赔，以索赔对抗索赔。国际工程建设项目的复杂性，决定了在某一不利事件发生时，当事人双方均可能存在违约行为或过错，而且具体情况错综复杂，不可能直观、清晰地界定双方各自应承担的责任。此时，如果对方就该事项及时提出了索赔要求，而己方在合同执行过程中没有提出索赔要求，或没有任何文件记录来反映己方在该事项中的立场和地位，就可能遭受到不应遭受的损失。

一、预防索赔的发生

国际工程建设项目反驳索赔的主要工作是防止合同对方当事人提出索赔，界定其索赔的合理性、合法性，同时积极防御，尽可能减少合同索赔事件的发生。

在实践中，体现积极防御策略的手段就是要积极抢占主动地位，做到先发制人，在第一时间内向对方提出索赔。既可以防止自己因超过索赔时限而失去机会，又可以争取索赔中的有利地位，打乱对方的工作步骤，争取主动权，并在时间上为索赔问题的最终处理留下一定的回旋余地。

反索赔管理是合同管理的重要内容之一，合同双方均应加强合同管理，使对方找不到索赔的理由和根据，避免自己陷入被索赔的局面，从客观上也同时起到了促进项目顺利按约履行的作用。

（一）业主防范承包商索赔风险的具体做法

（1）增加限制索赔的合同条款。业主最常用的方式是通过对某些常用合同条件的修改，增加一些限制索赔条款，以减少责任，将工程中的风险转移到承包商一方，防止可能产生的索赔。由于招标文件和合同条件一般由业主准备并提供，业主可聘请有经验的法律专家和工程咨询顾问起草合同，并在合同中加入限制承包商索赔权力的条款，如：业主对招标文件中的地质资料和试验数据的准确性不负责任，要求承包商自己进行地质勘察和试验；业主对不利的自然条件引起的工程延误的经济损失不承担责任等。

（2）提高招标文件的质量。业主可通过做好招标前的准备工作，提高招标文件的质量，委托技术力量强的咨询公司准备招标文件，以提高技术规范和图纸的质量，减少设计错误和缺陷，防止缺项漏项，并减少技术规范和图纸的矛盾和冲突，避免承包商由此提出索赔。

业主还可通过咨询公司，提高招标文件中工程量表中的工程数量的准确性，防止承包商提出的因实际工程量变化过大引起合同总价的变化超过合同规定的限度而产生的要求调整合同价格的索赔。

（3）全面履行合同规定的义务。业主要做好合同规定的工程施工前期准备工作（如：按时移交无障碍物的工地、支付预付款、移交图纸），并按时履行合同规定的义务（如：按时向承包商提供应由业主提供的设备、材料等，协助承包商办理劳动卡、居住证），防止和减少由于业主的延误或违约而引起的索赔。业主对自身的失误应及时采取补救措施，以减少承包商的损失，防止损失扩大出现重大索赔问题。

（4）根据工程项目的特点和要求，选择恰当的工程建设项目承包方式和合同形式。例如对于价格和工期确定的项目，采用设计采购施工总承包的形式，避免单纯施工项目中，由于图纸变更和规范缺陷而产生大量的索赔。

（5）建立索赔信号系统。业主预防并减少索赔的一个有效办法，就是尽早发现索赔征兆与信号，及时采取准备措施，有针对性地做好详细记录，以便提出索赔与反索赔，避免延误索赔时机，使索赔权利受到限制。常见的索赔信号有：合同文件含糊不清；承包商的投标报价过低或工程出现亏损；工程中变更频繁，或工程变更通知单对工程范围规定不详等。通过对这些索赔信号的分析辨识，发现其产生的原因，并预测其产生的后果，防止并减少工程索赔，为索赔和反驳索赔提供依据。

（二）承包商防范业主索赔风险的具体做法

由于国际工程建设项目执行过程中的实体工作是由承包商承担的，因此，承包商提出索赔的机会远远多于业主。但是，为了承包商自身的利益和信誉，承包商应慎重使用自己的权利。一方面要建好工程，加强合同管理和成本管理，控制好工程进度，预防业主的索赔；另一方面要善于申报和处理索赔事项，尽量减少索赔的数量，并实事求是的进行索赔。

（1）严肃认真对待投标报价。在每项工程招标投标与报价过程中，承包商都应仔细研究招标文件，全面细致的进行施工现场查勘，认真进行投标估算，正确决定报价。切不可疏忽大意进行报价，或者为了中标，故意压低标价，企图在中标后靠索赔弥补盈利。实际上这种索赔很难成功，并往往会影响承包商的经济效益和承包商信誉。

（2）注意签订合同时的协商与谈判。承包商在中标以后，在与业主正式签订合同的谈判过程中，应对工程项目合同中存在的疑问进行澄清，并对重大工程风险问题，提出来与业主协商谈判，以修改合同中不适当的地方。特别是对于工程项目承包合同中不合理的特殊合同条件，如不允许索赔，业主付款无限制期限，业主超期支付无利息等条款，都要据理力争，促成对这些合同条款的修改，或将合同中的潜在问题都补充为明文条款，可预防和避免合同执行中不必要的索赔争议。

（3）加强施工质量管理。承包商应严格按照合同文件中规定的设计、施工技术标准和规范进行工作，并注意按设计图施工，对原材料到各工艺工序严格把关，推行全面的质量管理，尽量避免和消除工程质量事故的缺陷，避免业主对施工缺陷的索赔事项发生。

（4）加强施工进度计划与控制。承包商应尽力做好施工组织与管理，从各个方面保证施工进度计划的实现，防止由于承包商自身管理不善造成的工程进度拖延。若由于业主或其他非承包商原因造成工程进度延误，承包商应及时申报延期索赔申请，以获得合理的工期延长，预防和减少业主因“工期延误赔偿金”的索赔。

（5）业主变更工程及扩大工程范围必须以书面指令方式进行。若业主或工程师下达了口头变更指令，要求承包商执行变更工作，承包商可以予以书面记录，并请业主或工程师签字确认。若工程师不愿确认，承包商可以暂不执行该变更工程并尽快与业主或工程师取得一致意见，以免得不到应有的经济补偿。

（6）加强工程成本的核算与控制。承包商的工程成本管理工作是保证实现工程经济效益的关键工作，也是避免和减少索赔与反索赔工作的关键所在。承包商自身要加强工程成本核算，严格控制工程开支，使工程成本不超过投标报价时的成本计划。当成本中某项直接费的支出款额超过计划成本时，要立即进行分析，查清原因。若属于自己方面原因，要对成本进行分指标分工艺工序控制；若属于业主方原因或其他原因，就要熟悉施工单价调整方法，熟悉和掌握索赔款具体计价的方法，采用实际工程成本法、总费用法或修正的总费用法等，使索赔款额的计算比较符合实际，切不可抬高过多，反而导致索赔失败或业主的反索赔发生。

二、索赔过程中的攻防

（一）反击或反驳索赔的内容

反击或反驳索赔方的索赔要求通常涉及以下内容。

（1）索赔要求或者索赔报告的时限性：是否在合同规定时限内提出了索赔要求和索赔报告。

（2）判断索赔事件的真实性。

（3）干扰事件责任分析：是否存在索赔人自己疏忽大意、管理不善或自身其他原因造成。

（4）索赔理由分析：索赔要求是否和合同条款或有关法律法规的规定

一致。

（5）干扰事件影响分析：索赔事件和影响之间是否存在因果关系、干扰事件的影响范围的大小、索赔方是否采取了有效的减损控制措施。

（6）索赔证据分析：证据是否存在不足、不当或者片面的情形。

（7）索赔值的审核：这是索赔反驳中的最后一步，也是关键的一个环节。分析的重点在于各项数据是否准确，计算方法是否合理，各种取费是否合理、适度，有无重复计算等问题。

（二）反驳索赔的处理过程

在接到对方索赔报告后，就应着手进行分析、反驳。反驳索赔与索赔有相似的处理过程，但也有其特殊性。

1. 合同总体分析

反驳索赔同样是以合同作为法律，作为反驳的理由和根据。合同分析的目的是分析、评价对方索赔要求的理由和依据，在合同中找出对对方不利，对己方有利的合同条文，以构成对对方索赔要求否定的理由。合同总体分析的重点是与对方索赔报告中提出的问题有关的合同条款，通常有：合同的法律基础；合同的组成及其合同变更情况；合同规定的工程范围和承包商责任；工程变更的补偿条件、范围和方法；合同价格、工期的调整条件、范围和方法，以及对方应承担的风险；违约责任；争议的解决方法等。

2. 事态调查

反驳索赔仍然基于事实基础之上，以事实为根据。这个事实必须有己方对合同实施过程跟踪和监督的结果，即收集整理所有与索赔相关的工程资料，以各种实际工程资料作为证据，用以对照索赔报告所描述的事情经过和所附证据。通过调查可以确定干扰事件的起因、事件经过、持续时间和影响范围等真实的详细情况。

3. 状态分析

在事态调查和收集、整理工程资料的基础上进行合同状态、可能状态、实际状态分析，通过三种状态的分析可以全面地评价合同、合同实际状况，评价双方合同责任的完成情况。对对方有理由提出索赔的部分进行总概括，分析出对方有理由提出索赔的干扰事件有哪些，确定索赔的大约值或最高值。对对方的失误和风险范围进行具体指认，这样在谈判中有攻击点。针对对方的失误作进一步分析，以准备向对方提出索赔。

4. 全面分析索赔报告

分析评价索赔报告，可以通过索赔分析评价表进行。分析评价表中可以分别列出对方索赔报告中的干扰事件、索赔理由和索赔要求等，提出我方的反驳理由、证据、处理意见或对策等。

5. 起草并向对方递交反索赔报告

反索赔报告也是正规的法律文件。在调解或仲裁中，对方的索赔报告和我方的反索赔报告应一起递交调解人或仲裁人。反索赔报告的基本要求与索赔报告相似，通常的主要内容有：

（1）合同总体分析简述。

（2）合同实施情况简述和评价。这里重点针对对方索赔报告中的问题和干扰事件，叙述事实情况，应包括前述三种状态的分析结果，对双方合同责任完成情况和工程施工情况作评价。目标是推卸自己对对方索赔报告中提出的干扰事件的责任。

（3）反驳对方索赔要求。按具体的干扰事件，逐条反驳对方的索赔要求，详细叙述自己的反驳索赔理由和证据，全部或部分地否定对方的索赔要求。

（4）提出索赔要求。对经合同分析和三种状态分析得出的对方违约责任，提出我方的索赔要求。对此，有不同的处理方法，通常可以在本反索赔报告中提出索赔，也可另外出具索赔报告。

（5）提出解决意见。

（6）附各种证据。即本反索赔报告中所述的事件经过、理由、计算基础、计算过程和计算结果及证明材料等。

三、经验总结

在反索赔事件结束后，应当对反索赔进行全面总结。总结应至少包括如下内容：（1）合同文件及签订过程总体分析；（2）合同实施情况简要概括；（3）对对方提出的索赔进行总体分析评价，总结避免索赔发生的经验；（4）对我方提出的索赔及反驳索赔进行总体分析评价，总结反索赔经验。

第七章　国际工程建设项目索赔争议的解决方式

第一节　概　　述

一、含义

由于国际工程建设项目的复杂性和长期性，合同执行过程无法预料，过程中的种种具体状况决定了争议的发生在所难免。因此，在国际工程建设项目合同中，必须包含当事人事先认可的争议解决条款，这样才能在公平合理的合同条件下，顺利完成工程，得到满意的结果。

国际工程承包中常见的合同争议有：由于对合同条件的理解和解释不同而形成的争议；关于价格的争议；工期延误的争议；关于质量的争议；对已经完成的工程量的争议；工程款支付的争议；终止合同争议；关于索赔发生的争议等。

可以说，公平的争议解决方式是国际工程建设项目合同中最为重要的合同条款之一。国际工程建设项目合同涉及不同国籍的当事人，适用哪国法律以何种方式解决争议，关系到当事人可能的诉讼利益。在合同中约定争议解决条款，确定合同争议的评判机构，能够使法律或合同赋予一方当事人的权利在具有强制力的机构得到支持，合同权利和义务得到保障。同时，由于合同中明确约定了争议解决的方式及机构，客观上起到了约束当事人严格履约的作用，当事人能够意识到不履行合同义务将面临的法律后果，从心理上强化了当事人的履约责任感，强调“契约必须遵守”，减少发生争议的次数，从而降低合同争议对合同实施的影响。此外，由于合同当事人在某些方面并不处于完全平等的地位，这些不平等可能导致一方在争议解决中处于弱势地位。争议解决条款的订立从实体上限制了某一方的强势地位，使合同在相对公平的环境下履行。

二、非诉解决方式

目前，在国际工程建设项目中合同争议有多种解决方式，最简单的是当事人之间的协商。如果当事人之间的直接协商不能成功，则公正的第三方的介入可能是有益的。国际工程建设项目合同通常约定，在以涉诉方式解决争议前，当事人应努力通过协商或者其他替代性争议解决方式（Alternative Dispute Resolution，ADR），即非诉解决方式，解决争议。

（一）协商（Negotiation）

通过争议当事人直接谈判和友好协商，经过讨价还价的过程，将当事人的期望值降到各方均能接受的水准。协商是解决争议最简单和最廉价的方式。

（二）替代性争议解决方式（Alternative Dispute Resolution，ADR）

替代性争议解决方式实际上并不特指某一种争议解决方式，而是指一组通过非正式的程序，解决或试图解决争议而不诉诸法院或仲裁的方式，包括调停（调解）(Mediation/Conciliation)、争议裁决委员会、小型审判（Mini-trial）等，以下仅就其中国际工程建设项目较常采用的两种方式进行说明。

1. 调停（调解）(Mediation/Conciliation)

调停（调解）是指在当事人发生争议后，引入双方都认可的中立的第三方，通过说服和劝导，协调双方的分歧，促使双方达成和解，解决争议。

调停（调解）的决定是不具有约束力的，调解人一般并不裁决争议，而只是提出公正合理的处理方案供争议双方选择，直至使双方达成满意的解决协议。

2. 争议裁决委员会（DAB）

争议裁决委员会是99版FIDIC合同条件中规定的争议解决机构，是吸收了美国和世界银行实施项目中解决争议的经验而设立的。它旨在通过非正式的方式，及时、公正地解决施工过程中发生的争议。之后，在国际工程建设项目合同中得到采用。这里介绍 99 版 FIDIC 合同条件的相关规定，以方便在实际的工程合同中参考其基本原则。

争议裁决委员会规定，其成员由当事人各方共同任命，一般为一至三人，成员必须对工程的执行和合同的解释具有一定经验，独立于当事各方，不得与任一方当事人（或者工程师）存在经济利益关系。除担任委员会成员而获得的报酬以外，不得与该合同存在经济利益关系。

争议裁决委员会成员应当定期、在关键施工项目进行时、或应当事人任一方的要求进行现场参观，并与业主、承包商代表和工程师会面。业主与承包商发生争议时，应首先以书面形式提请争议裁决委员会做出决定。争议裁决委员会应在收到书面要求后，84 天内做出决定。如果当事人任一方对决定有异议的，可在收到决定通知之日后 28 天内，向另一方发出不满意的通知。如果争议裁决委员会在 84 天内未做出决定，那么，当事人任一方可以在 84 天届满后的 28 天内，向另一方发出不满意的通知。如果在不满意通知之后的 56 天，双方未能友好解决或者根本没有进行友好解决的尝试，则均可以进入仲裁程序。

争议裁决委员会的诸多优越之处，使它在国际工程实践中发挥了重要作用：

（1）掌握信息充分。争议裁决委员会成员会定期访问工程现场，掌握工程实际状况，一旦发生纠纷，有利于准确做出裁决。与其他纠纷解决方法相比，在很大程度上避免了事后调查取证时的困难。

（2）程序简便及时。争议裁决委员会是合同当事方为该工程特设的专门争议解决机构，可以随时提请裁决，限期解决。相比诉讼、仲裁有着绝对的便利性。

（3）较为公正权威。争议裁决委员会成员由当事各方共同任命，而又独立于各方，同时，也受到当事各方的监督和制约，其公正性和权威性为各方所接受。

三、涉诉解决方式

国际工程建设项目合同中，非诉方式主要有协商、调解和争议裁决，此三种方法不属于法律程序，是非对抗性的处理争议的方法，作为涉诉解决方式的前置程序，意在促使双方以较低成本，在较短时间内达成最终一致的解决方案或协议。如果非诉方式不成功，则双方可按合同约定选择涉诉解决方式。涉诉解决方式包括仲裁和诉讼，属正式的法律程序，仲裁和诉讼中依法做出的裁决和判决可在法律的保护下得到强制执行，是一种对抗性的处理争议方法。

（一）仲裁

仲裁是国际工程建设项目合同中通用的最终解决争议的方式。同为涉诉解决方式，仲裁相对于诉讼的优势在于：

（1）如果合同中不包括仲裁协议，当事人可能发现，如果产生争议，需要在外国法院启动诉讼程序，雇用对国际工程项目并不熟悉的律师，将合同、通信及相关文件翻译成法院所使用的语言。作为对比，提交仲裁意味着争议有可能在中立审理地解决，而不是在某一方当事人的本土。

（2）仲裁给予当事人参与选择“中立”仲裁庭的机会，当事人可以自行选择争议领域内的法律或技术专家作为仲裁员。有经验的仲裁庭应当可以迅速抓住事实或法律的主要争议点，节省当事人的时间和金钱。

（3）仲裁庭存在角色的延续，因为仲裁庭是受委任来处理特定的案件，并由始至终进行审理，这使得仲裁庭可以随着申辩的逐渐进行而了解当事人及案件本身。

（4）仲裁裁决的可执行性较好。在仲裁结束阶段，仲裁庭将以裁决的形式作出决定。首先，仲裁裁决的最后结果是一个有约束力的决定，而并非如调停（调解）中当事人可以自由接受或拒绝。其次，裁决是终局的，与某些法院判决不一样，并非一系列上诉的第一步。再次，一旦裁决作出，则在国内和国际上，均是可以通过法院诉讼予以执行的。就国际可执行性而言，适用于仲裁裁决执行的国际条约（如纽约公约）在国际上得到的接受程度要比互相执行法院判决大得多。

（5）仲裁程序针对具体争议，具有灵活性和适应性，当事人和仲裁员可以制订最适合于特定争议特定案情的程序。

（6）仲裁程序是一种不公开的程序，私密性好，可以避免公司内部信息曝光。

（二）诉讼

司法诉讼，是解决合同争议不可缺少的手段之一。如果争议各方不能通过协商、调解等非法律程序解决争议，而又事先未约定仲裁，或产生争议后不同意以仲裁作为争议的最后解决方式，那么争议将不得不向法院起诉，由法院做出判决。

在有些国家，没有设立处理经济合同争议的仲裁机构，或者该国对仲裁没有法律保障，但又不愿意接受外国仲裁裁决时，业主就会在合同中规定，用诉讼方式解决争议，并利用本国的国际私法规则，确定适用本国法律，使自己处于可能有利的地位。此时，承包商首先应咨询有资质的当地律师，了解该国适用于合同的相关实体法；其次，对于诉讼方式争取做出一定的限制，例如，在争议条款中规定，对于技术性争议，应交由双方共同指定的专家处理；在诉讼程序前，加入争议裁决委员会程序等。

第二节 仲 裁

一、含义

在仲裁界，仲裁的标准用语是国际商事仲裁，并没有国际工程建设项目仲裁这一仲裁分类。

“商事”一词是国际贸易交往中的一个重要的惯常用语。一般来说，国际组织或国家都对“商事”一词尽可能做广义的解释。如根据 1985 年通过的联合国国际贸易法委员会起草的《国际商事仲裁示范法》中，就“商事”一词所作的注释［2］是，“对‘商事’一词应作广义解释，使其包含不论是契约性或非契约性的一切商事性质的关系所引起的种种事情。商事性质的关系包括但不限于下列交易：供应或交换货物或服务的任何贸易交易；销售协议；商事代表或代理；保理❶；租赁，建造工厂；咨询；工程；许可证；投资；筹资；银行；保险；开发协议或特许；合营和其他形式工业或商业合作，货物或旅客的天空、海上、铁路或公路的载运。”另外，根据我国加入 1958 年《关于承认和执行外国仲裁裁决的纽约公约》时做出的商事保留声明中提到的“商事”的概念，包括货物买卖、财产租赁、工程承包、加工承揽、技术转让、合资经营、合作经营、勘探开发自然资源、保险、信贷、劳务、代理、咨询服务和海上、民用航空、铁路、公路的客货运输以及产品责任、环境污

❶保理又称保付代理、托收保付，是贸易中以托收、赊销方式结算贷款时，出口方为了规避收款风险而采用的一种请求第三者（保理商）承担风险的做法。

染、海上事故等。

从上面定义中可以看出，国际工程建设项目作为一项工程、工程承包，是涵盖在“商事”一词的定义中的，因而是商事仲裁所覆盖的一个事项。

二、仲裁流程

（一）订立仲裁协议

仲裁协议是指当事人愿意将他们之间已经发生的或者可能发生的产生于确定的民事法律关系的争议提交给中立的第三者做出有约束力的裁决的协议。仲裁协议是仲裁的基石，仲裁协议约定的内容是仲裁参加人的行为准则，仲裁体系建立在仲裁协议的基础之上，其意义非常重大，是当事人在订立合同时应当认真考虑的实质性问题之一。

FIDIC 合同条件建议，在签订合同时，应包括专门的仲裁条款，明确对于任何争议，如果经争议裁决委员会程序后，仍无最终的和有约束力的决定，并且未获友好解决的，均应通过国际仲裁进行最终解决。FIDIC 合同条件规定适用的仲裁规则为国际商会仲裁规则，仲裁员人数为 3 名，仲裁程序使用的语言为合同的交流语言等。

仲裁协议本身是争议双方当事人处理其争议的自治意愿的体现，一经签订，将约束各方当事人的行为，任何一方不得任意改变仲裁协议中规定的事项，也不得就协议中规定的仲裁范围内的争议提起诉讼。同时，它还是仲裁机构管辖、管理和裁决争议的依据。

1. 仲裁协议的形式

作为通行惯例，1958 年联合国《承认及执行外国仲裁裁决公约》（1958 年《纽约公约》）以及各国的仲裁法、仲裁规则均要求仲裁协议是书面的。

联合国《国际商事仲裁示范法》（以下简称《示范法》）第 7 条第（2）款在规定仲裁协议的“书面”要求方面，较之于 1958 年的《纽约公约》有新的突破。《示范法》第 7 条第（2）款规定：“仲裁协议应是书面的协议，如载于当事各方签字的文件中，或载于往来的书信、电传或提供协议记录的其他电讯手段中，或在申诉书和答辩书的交换中当事一方声称有协议而当事他方不否认即为书面协议。在合同中提出参照载有仲裁条款的一项文件即构成仲裁协议，如果该合同是书面的而且这种参照足以使该仲裁条款构成该合同的一部分的话。”

《示范法》的突破表现在两个方面：第一，书面的仲裁协议包括了通过能够“提供协议记录的其他电讯手段”订立的仲裁协议；第二，双方提交仲裁文件和不对仲裁管辖提出异议的行为可以作为认定双方之间存在书面的仲裁协议的依据。在这里，一方当事人不否认另一方声称的仲裁协议的行为本身被作为存在“书面”仲裁协议的辅助证据。

从书面仲裁协议的存在形式看，仲裁协议有三种类型：仲裁条款、仲裁协议书和其他文件中包含的仲裁协议。

（1）仲裁条款。

所谓仲裁条款，是指双方当事人在合同中订立的，将今后可能因该合同所发生的争议提交仲裁的条款。这种仲裁协议的特点是当事人就他们将来可能发生的争议约定提交仲裁解决，而且是在合同中用一个条款来约定。该条款作为合同的一项内容订立于合同中，是合同的组成部分。如当事人在国际工程建设项目合同中，除了规定工程的合同金额、工期、技术要求等内容外，还规定了因履行合同引起争议提交仲裁解决，其中有关仲裁内容的规定是整个合同的一个条款，这个条款称为仲裁条款。仲裁条款是仲裁实践中最常见的仲裁协议的形式。

（2）仲裁协议书。

仲裁协议书是指当事人之间订立的，一致表示愿意将他们之间已经发生或可能发生的争议提交仲裁解决的单独的协议。这种仲裁协议的特点是它是单独的仲裁协议，是在合同中没有规定仲裁条款的情况下，双方当事人为了专门约定仲裁内容而单独订立的一种协议。而且，当事人可以在争议发生之前订立，也可以在争议发生之后订立。例如，在订立国际工程建设项目合同时，双方当事人没有约定争议的解决方式，事后双方当事人再专门订立一个协议，约定有关仲裁事宜，这样一个协议就是仲裁协议书。

（3）其他文件中包含的仲裁协议。

当事人除了订立合同之外，还可能在相互之间有信函、电报、电传、传真、电子数据交换、电子邮件或其他书面材料的往来。这些往来文件中如果包含有双方当事人同意将他们之间已经发生或可能发生的争议提交仲裁的内容，那么，有关文件即是仲裁协议。

这种类型的仲裁协议与前两种类型的仲裁协议的不同之处在于，仲裁的意思表示一般不集中表现于某法律文件中，而往往分散在当事人之间彼此多次往来的不同文件中。例如一方当事人将他希望订立仲裁协议的事宜向另一方当事人发出建议，如果另一方当事人愿意接受该项建议，必须将他接受该仲裁协议的意向传达给对方当事人，通过这种往来，仲裁协议才能成立。随着通信方式的快速发展，这种形式的仲裁协议也较为常见。

2. 仲裁协议的订立时间

从仲裁协议订立的时间来看，仲裁协议可分为两种：争议发生前达成的仲裁协议和争议发生后达成的仲裁协议。

仲裁协议书和其他形式的仲裁协议既可以是在争议发生之前订立，也可以是在争议发生之后订立。一般来说，当事人采用哪种仲裁协议形式更为便利？首先，当事人应尽可能在争议发生之前订立仲裁协议。因为争议发生后，由于当事人的利害关系明显，争议双方往往不容易达成仲裁协议。其次，当事人应尽量选择仲裁条款这种形式。因为仲裁条款是在争议发生之前订立的，它是当事人事先设定的，可以避免以后双方就仲裁的问题发生争议。而且这种形式省时、简便，当事人只要在合同中做约定就可以了，避免了事后再专门约定仲裁条款的麻烦。同时，在合同中约定仲裁条款，也可以在一定程度上督促当事人履行合同。

3. 仲裁协议的内容要求

对国际工程建设项目合同而言，仲裁条款是必备条款。一般来说，仲裁条款应说明以下几个方面内容：

（1）仲裁地点。在什么地方进行仲裁，是双方在磋商仲裁时的一个重点。

（2）仲裁机构的选择。国际贸易中的仲裁，可由双方当事人在仲裁协议中规定在常设的仲裁机构进行，也可以由当事人双方共同指定仲裁员组成临时仲裁庭进行仲裁。当事人双方选用哪个国家（地区）的仲裁机构审理争议，应在合同中做出具体说明。

（3）仲裁规则的适用。在仲裁条款中，应说明用哪个国家（地区）和哪个仲裁机构的仲裁规则进行仲裁。

（4）仲裁庭的组成。可以规定由独任仲裁员或三人仲裁庭进行仲裁。

（5）仲裁程序使用的语言。提交仲裁庭的文件，包括仲裁申请、答辩书及证据资料等，以及仲裁庭审理、裁决等过程中所使用的语言种类。

（6）仲裁裁决的效力。仲裁裁决的效力主要是指由仲裁庭做出的裁决，对双方当事人是否具有约束力，是否为决定性的，能否向法院起诉要求变更裁决等。

（7）仲裁费用的负担。通常在仲裁条款中明确规定仲裁费用由谁负担。一般规定由败诉方承担，也有的规定为由仲裁庭酌情决定。

各国际仲裁机构均有各自建议的仲裁条款，例如伦敦国际仲裁院建议的仲裁条款为：

“由于本合同而产生的或与本合同有关的任何争议，包括对其是否存在、效力或终止的任何问题，均应按照伦敦国际仲裁院的规则提交仲裁并通过仲裁予以最终解决，伦敦国际仲裁院的规则应视为已经并入本条款之内。

仲裁员人数应为（一/三）名。

仲裁地或法定仲裁地应为（国家及/或城市）。

仲裁程序使用的语言应为（ ）。”

（二）提出仲裁申请

仲裁申请是仲裁程序开始的首要手续，以《伦敦国际仲裁院仲裁规则》（1998）为例，当事人一方申请仲裁时，应向仲裁院书记员提交书面仲裁申请，包括（a）仲裁当事人及其法定代表人的姓名、地址、电话、传真、电传和电子邮箱号码（如知晓的话）；（b）申请人援引的书面仲裁条款或单独的书面仲裁协议（下称“仲裁协议”）的副本一份，以及包含有仲裁条款或就此而产生仲裁的合同文件的副本一份；（c）阐述争议性质和案情、阐明申请人向仲裁另一方当事人（被申请人）所提出的请求的简要陈述；（d）当事人已经书面约定或申请人拟建议的任何与仲裁有关事项（如仲裁地、仲裁语言、仲裁员人数或其资格或其身份）的陈述；（e）仲裁协议规定当事人提名仲裁员的，申请人提名的人的姓名、地址、电话、传真、电传和电子邮箱号码（如知晓的话）；（f）仲裁收费表规定的费用（未缴付者，申请应被视为未被书记员收悉、仲裁应视为未开始进行）；（g）向书记员确认申请书（包括所有附件）的副本已经或者正在以确认书中说明的一种或多种方式同时送达所有的其他仲裁当事人。

书记员收到申请书之日应视为仲裁开始之日。向书记员提交申请书（包括所有附件）时，如应指定一位独任仲裁员的，应为一式两份，如果当事人已经约定或者申请人认为应指定三名仲裁员的，则应为一式四份。

（三）组织仲裁庭

《伦敦国际仲裁院仲裁规则》（1998）规定，仲裁法院应于书记员收到答辩书之后，或于申请书送达被申请人后30日（或于仲裁法院规定的更短的期限）届满之后，书记员未收到被申请人的响应时，尽快组成仲裁庭。即使申请书不完备或者没有收到答辩书或答辩书延误到达或者不完备，仲裁法院仍可以进行组庭。除非当事人另有书面约定，或者仲裁法院根据案情确定组成三人仲裁庭，否则应指定一名独任仲裁员。

由三人组成仲裁庭的，申请人和被申请人各提名一名仲裁员，仲裁庭的主席（不是当事人提名的仲裁员）应由仲裁院指定。

（四）答辩书及证据交换

《伦敦国际仲裁院仲裁规则》（1998）规定，被申请人应在收到申请书后，提出答辩书，双方进行证人证言、专家证言及证据文件的交换和披露。

（五）审理案件

仲裁庭审理案件的形式有两种：一是不开庭审理，这种审理一般是经当事人申请，或由仲裁庭征得双方当事人同意，只依据书面文件进行审理并做出裁决，称为"仅凭文件"仲裁，此类审理在国际商事仲裁主流中不太常见；二是开庭审理，即庭审，仲裁是当事人和仲裁庭成员之间进行的不公开程序，因此，庭审是秘密进行，外人仅在双方当事人同意的情况下才可以出席。

（六）做出裁决

裁决是仲裁程序的最后一个环节。裁决做出后，审理案件的程序即告终结，因而这种裁决被称为最终裁决。

《伦敦国际仲裁院仲裁规则》（1998）排除了当事人寻求司法上诉的权力，规则规定，所有的裁决均为终局的，并对各方当事人具有约束力。当事人约定按照本规则进行仲裁者，即承诺立即和毫不拖延地履行裁决；当事人也因此不可撤回地放弃了他们向任何国家法院或其他司法机关提起任何形式的上诉权、请求再审权或追索权，只要这种权利放弃是可以依法有效地做出的。

三、仲裁机构与规则

（一）国际仲裁机构

1. 国际商会（ICC）

国际商会国际仲裁院1923年成立于巴黎，英文名为：The International Court of Arbitration of International Chamber of Commerce。

在国际商事仲裁领域，国际商会是最具影响的仲裁机构，也是世界上最大的国际仲裁机构之一。"国际仲裁院"并不是法律意义上的"法院"，而是根据国际商会仲裁规则负责管理及监督仲裁案件的行政机构，由国际商会国际仲裁院和秘书处组成。

国际商会《仲裁规则及友好争议解决规则》于2012年1月1日生效。新规则对 1988 年的仲裁规则做了不少修改，旨在提高国际商会仲裁的效率和公正性，满足仲裁参与者对于国际商会仲裁的需要与期望。

2. 美国仲裁协会（AAA）

美国仲裁协会英文名为：American Arbitration Association，英文简称为 AAA。美国仲裁协会成立于 1926 年，是一个非盈利性的为公众服务的机构。美国仲裁协会的目的在于在法律的许可的范围内，通过仲裁、调解、协商、民主选择等方式解决商事争议。美国仲裁协会的受案范围很广泛，从国际经贸纠纷，到劳动争议，消费者争议，证券纠纷，无所不包。与此相应，美国仲裁协会有许多类型的仲裁规则，分别适用于不同类型的纠纷。

美国仲裁协会的仲裁员也来自很多国家，且数量达数千人之多。当事人也可以在其仲裁员名册之外指定仲裁员。在没有约定的情况下，所有案件只有一名仲裁员，即独任仲裁员。但如果仲裁协会认为该案件争议复杂时，可决定由三名仲裁员组成仲裁庭。

3. 中国国际经济贸易仲裁委员会（CIETAC）

中国国际经济贸易仲裁委员会（Chinese International Economic and Trade Arbitration Commission）成立于 1956 年 4 月，英文简称为 CIETAC。

CIETAC 前身为“对外贸易仲裁会”及“对外经济贸易仲裁委员会”，总部设在北京，上海及深圳设有分会。经中国国际商会于 2000 年 9 月 5 日所作的批准，自 2000 年 10 月 1 日起，中国国际经济贸易仲裁委员会在使用现有名称的同时，可同时启用中国国际商会仲裁院（The Court of Arbitration of China Chamber of International Commerce）的名称。

中国国际经济贸易仲裁委员会最新仲裁规则于 2014 年 11 月 4 日修订，并于 2015 年 1 月 1 日起施行，受案范围为一切国内、国际仲裁。CIETAC 于 2012 年 9 月在香港设立了 CIETAC 香港仲裁中心，成为第一家在中国大陆外设立分支机构的中国大陆仲裁机构。考虑到 CIETAC 香港仲裁中心所处法域的特殊性，2015 仲裁规则增设第六章“香港仲裁的特别规定”，专门就 CIETAC 香港国际仲裁中心的管辖权、仲裁地、程序适用法、裁决国籍、仲裁庭的组成、临时措施和紧急救济、仲裁收费等作出了特殊规定。修订后的仲裁规则在程序体制上更加适应国际商事仲裁新形势的发展需要，增加了多方多份合同仲裁、紧急仲裁员制度等，并将适用简易程序的争议金额从 200 万人民币提高到了 500 万元人民币。

4. 伦敦国际仲裁院（LCIA）

伦敦国际仲裁院英文名为：The London Court of International Arbitration,

英文简称为 LCIA。它是世界上最古老的仲裁机构，前身为 1892 年成立的伦敦仲裁厅。

伦敦国际仲裁院是国际上最早的常设仲裁机构之一，设在伦敦，它是目前英国最主要的国际商事仲裁机构，可以审理提交给它的任何性质的国际争议，尤其擅长国际海事案件的审理。该院既是指定机构又是管理机构，它备有供当事人选择的仲裁员名单，在选择仲裁员的标准方面，十分强调仲裁员的专业知识。为此，该院于 1978 年设立了由来自 30 多个国家的具有丰富经验的仲裁员组成的“伦敦国际仲裁员名单”。由于其较高的仲裁质量，它在国际社会享有很高的声望。

伦敦国际仲裁院于 1981 年制定了《伦敦国际仲裁院仲裁规则》，1998 年修订。根据《伦敦国际仲裁院仲裁规则》(1998)，有关争议的当事人决定将其争议提交该院仲裁以后，仲裁审理和裁决程序即由双方当事人协议选择的仲裁员组成仲裁庭来主持进行。如当事人未就仲裁员人选达成协议，则由该院从其仲裁员名单中加以指定。在涉及不同国籍的双方当事人的商事争议中，独任仲裁员和首席仲裁员必须由 1 名中立国的人士担任。伦敦国际仲裁院仲裁案一般在该仲裁院举行开庭，但仲裁庭在考虑到当事人的意愿和各方便利的情况下也可以决定在其他地方开庭。仲裁庭按照伦敦国际仲裁院的仲裁规则主持进行有关的仲裁程序。

从英国国际商事仲裁实践来看，在 1979 年《仲裁法》颁布之前，由于受英国传统的司法至上的思想影响，仲裁程序一直受到英国法院的干扰，法院享有广泛的监督权和复审权。根据 1979 年《仲裁法》和英国 1996 年新的《仲裁法》的规定，如今在英国的国际仲裁中双方当事人可以通过签订排除协议的方式排除法院对仲裁案件的法律问题以及裁决的审查。当事人可以在合同中的仲裁条款中予以规定，也可以在提起仲裁以后协议规定。

5. 解决国际投资争议中心（ICSID）

解决国际投资争议中心英文全称为：The International Center for the Settlement of Investment Disputes，简称 ICSID。它于 1965 年根据华盛顿公约而成立，总部设在华盛顿特区，是一个国际性法人组织。

中心设立的目的在于增加发达国家投资者向发展中国家进行投资的信心，并通过仲裁和调解方式来解决投资争议。它要求争议的双方须为公约的成员国，争议主体为国家或国家机构或代理机构，其解决的争议性质必须为直接由投资引起的法律争议。

6. 斯德哥尔摩商会仲裁院（SCC）

斯德哥尔摩商会仲裁院英文全称为：The Arbitration Institute of the Stockholm Chamber of Commerce，英文简称SCC。斯德哥尔摩商会成立于1917年，其仲裁机构组织设立于1949年。设立的目的在于解决工业、贸易和运输领域的争议。SCC的总部设在瑞典的斯德哥尔摩，包括秘书局和三名成员组成的委员会。三名委员任期三年，由商会任命。三名委员中，一名须具有解决工商争议的经验，一名须为有实践经验的律师，一名须具备与商业组织沟通的能力。

SCC解决国际争议的优势在于其国家的中立地位，特别以解决涉及远东或中国的争议而著称。该院与中国国际经济贸易仲裁委员会有业务联系。中国国际贸易促进委员会建议，我国当事人在选择第三国仲裁机构时，可优先考虑该仲裁院。

7. 香港国际仲裁中心（HKIAC）

香港国际仲裁中心英文名全称为：Hong Kong International Arbitration Center，英文简称为HKIAC。该中心成立于1985年，机构设在香港，受理香港区内仲裁案件和国际商事仲裁案件。仲裁中心的设立是为了满足东南亚地区的商务仲裁的需要，同时也为中国内地当事人和外国当事人之间的经济争议提供“第三地”的仲裁服务。2013年11月1日生效的《香港国际仲裁中心机构仲裁规则》，适用于本地仲裁和国际仲裁。

香港国际仲裁中心虽成立较晚，但借助于香港地理优势很快发展为亚洲领先的国际仲裁中心。近年来，由于香港回归祖国，香港国际仲裁中心的地位受到其他仲裁机构的挑战。随着中国内地经济的发展和加入世贸，香港仲裁中心开始致力于在中国内地推广其仲裁服务，争取更多的内地公司到香港国际仲裁中心仲裁案件。

8. 新加坡国际仲裁中心（SIAC）

新加坡国际仲裁中心英文全称为：Singapore International Arbitration Centre，英文简称SIAC。新加坡国际仲裁中心成立于1990年，受理国际商事及海事仲裁案，是新加坡法定的仲裁员指定机构，也是新加坡仲裁裁决书的认证及登记服务机构。

新加坡国际仲裁中心的仲裁规则也最大限度的以《联合国国际贸易法委员会仲裁规则》（UNCTRAL Rules，联合国国际贸易法委员会于1976年4月28日，制定了联合国国际贸易法委员会仲裁规则供当事人选择适用）为基础，当事人有很大自治权。新加坡仲裁中心主要以解决建筑工程、航运、银行和保险方面的争议见长。

由于新加坡法院历史上持有对仲裁予以干涉的态度，所以新加坡仲裁中心未广泛的为各界喜爱。但近年来，由于香港国际仲裁中心受回归影响，新加坡国际仲裁中心逐渐崛起，赶超香港。对于中国内地与欧美公司的贸易，各方妥协的结果往往会选择在新加坡国际仲裁中心进行仲裁。新加坡也被认为是亚洲最佳司法体制之一，世界各国的企业商家及律师通常愿意选择新加坡作为相对中立的第三国进行仲裁。

（二）仲裁规则

仲裁规则的实质是仲裁时所适用的程序法，是当事人和仲裁员进行仲裁的行动准则。一般由各国的仲裁机构自行制定，在国际上还有一些国际性和地区性的仲裁规则。仲裁规则包括如何提出仲裁申请，如何进行答辩，如何指定仲裁员，怎样进行仲裁审理，如何做出仲裁裁决以及裁决的效力等内容。

仲裁规则是进行仲裁程序所应遵循的一套规范，旨在调整仲裁程序参与人之间的权利义务关系，从而保证仲裁程序高效有序地进行。就临时仲裁而言，仲裁程序主要调整仲裁庭与当事人之间的关系；而就机构仲裁而言，仲裁程序调整的则是仲裁庭、当事人、仲裁机构三方面的关系。一般而言，仲裁机构都会制定自己的仲裁规则，以便当事人提请仲裁时选择适用。比如国际商会国际仲裁院的仲裁规则、美国仲裁协会仲裁规则、伦敦国际仲裁院仲裁规则等。就临时仲裁而言，当事人或自行制定适合其特定争议之解决的临时性仲裁规则，或选择适用机构仲裁成熟的仲裁规则，或直接适用《联合国国际贸易法委员会仲裁规则》

由于《纽约公约》的诞生和联合国贸法会的努力，联合国贸法会自 1976 年出台贸法会仲裁规则后，又于 1985 年出台了《国际商事仲裁示范法》，为国际商事仲裁法律和规则提供了指导性的文本。

各国仲裁立法及众多国际仲裁机构的仲裁规则在仲裁的基本理念，包括协议管辖原则、一裁终局原则、当事人意思自治原则、仲裁协议的独立性原则，以及仲裁的私密性等概念，均出现了趋同的态势。尽管有上述趋同性，不同仲裁机构规则自身的特点也被凸显。从一定程度而言，仲裁规则的特点往往反映了仲裁机构的特点。

四、仲裁案例

（一）EPC交钥匙工程中承包商与供货商就采购订单的成立与终止的争议

1. 基本事实

承包商向业主认可的供货商发出询价书，该供货商提交了报价书，并随之进行了技术不符点和商务问题的澄清，签发了32封往来传真和会议纪要，6个月后承包商向供货商签发授标信，附上上述32封传真和纪要，而且在授标信上写明“自授标生效之日起，供货商按照授标信及附件要求立即开始工作。”供货商45天后签回授标信，但删掉了32份文件中的一份会议纪要，同时还对授标信的条件进行了修改，承包商认为不能接受，回信拒绝。之后虽经多次讨论，未达成一致。此时承包商迫于工程工期压力，另寻供货商报价并取得业主的批准。6个月后承包商通知供货商终止合同关系，没收保函。供货商依据招标文件，向英国伦敦国际仲裁庭（LCIA）提出仲裁，仲裁历时30个月。

2. 争议焦点

（1）是否存在合同关系。

供货商认为授标信就是合同，同时授标信具备了合同主要文件，且授标信请供货商立即开始工作。另外，授标信达成了改变业主原规范要求的协议规范。而承包商认为，授标信不是合同，因为双方没有签署订单。而且，即使是授标信，由于供货商未完全接受承包商的全部条件，双方也没有达成一致协议。实际上，双方既没有统一的授标信，也没有签订单，因此双方没有合同法律关系。

（2）是否存在违约。

供货商认为，双方存在合同关系，承包商构成违约。一是承包商未按合同要求提供信息和文件以及延迟答复；二是承包商不批准变更单；三是承包商通知停止工作；四是没收保函。承包商认为，即使双方存在合同关系，也是供货商构成违约。一是供货商未按合同交工期履行合同；二是未按合同要求的技术规范或没有能力履行合同；三是未及时或没有提供合同要求的信息和资料；四是未按时提交履约保函和质量计划。

（3）是否存在事实索赔。

供货商认为，即使双方没有合同，供货商按照承包商指令履行义务，造成了损失，有权获得事实赔偿。承包商认为，授标信要求供货商开始工作，是指进行初步设计准备工作，而不是进行采购和加工制造。供货商在未被批准设计的情况下，擅自采购和加工制造，其风险应该自担。同时承包商认为，由于供货商在投标阶段违反了认可的招标文件要求，误导了承包商，给承包商造成了损失，承包商有权获得事实赔偿。

（4）是否存在商业歧视。

供货商认为，承包商基于价格原因，在技术能力完全一致的情况下，故意撕毁与供货商之间的合同，与新的供货商达成新的合同，构成商业歧视。承包商认为在授标前后达一年多的时间里，千方百计协助供货商解决技术不符点，说服业主放弃不符实际的过高要求，但是供货商不愿意、没有能力也没有准备履行合同义务，导致项目工期严重延误的情况下，才不得以终止其合作关系，寻找过去的合作伙伴，不构成商业歧视。

3. 仲裁裁决

该仲裁案由双方同意并经仲裁庭批准的法籍突尼斯人担任独任仲裁员。他在仲裁书第 297 段写到“……仔细审阅案件的争议过程表明，如果不考虑应诉方（承包商）事先已与 XXX（新的供货商）进行过谈判并决定与 XXX 签订合同取代供货商，便很难理解应诉方为什么要终止与申诉方的合同”，还在 299 段提到“否认应诉方与 XXX 之间的合同协定关系，并且后来又终止了与申诉方的不具商务吸引力的（合同）事实是很难令人置信的”。仲裁员基本接受了供货商的论点，也就是有合同（指授标信），承包商有商业歧视违约，给供货商造成了损失，应当赔偿，承包商的反索赔因自身违约被拒绝，判决承包商支付供货商配件费、部分货物购置费等，占供货商索赔的 52%，还需退还供货商的保函费，支付 6.625% 的利息，各自承担律师费。总的来看供货商在该案仲裁中略占上风。

4. 结果分析

承包商的主要失误在于首先轻视了授标信的法律效力，在授标信附上了供货商的技术不符点的申请信，从法律意义上讲承包商已经接受了供货商的发电机的技术不符点。其次，对供货商没有提出正式警告，并给予整改期，就撤销订单。第三，未中止供货商的订单，就与新的供货商交流，存在商业歧视，是本案中承包商最大的败笔。

该案中申请方提出的索赔金额约 400 万美元，仲裁裁决额约 174 万美元。仲裁相关的伦敦国际仲裁庭的管理费用及独任仲裁员费用约 20 万美元，而承包商单方面的专家、律师费用就达 100 万美元。双方向仲裁庭提交的证据文件达 25000 余页，仲裁裁决书为 85 页。其中涉及的证人证言、管理层讨论、决策等无形投入更是庞大。

（二）承包商与施工分包商就工程实施发生的费用索赔

1. 基本事实

承包商与分包商于签订了管线及配套工程的施工分包合同，合同工期为 12 个月，实际工期为 44 个月；同年签订了储罐预制及安装分包合同，合同工期为 15 个月，实际工期为 39 个月。分包商以合同工期延长是承包商的原因为由，就两个分包合同向承包商提出了总额约 3000 万美元的索赔。由于双方在索赔金额的认定上差别巨大，争议的解决始终无法取得进展，分包商向英国伦敦国际仲裁庭（LCIA）提起仲裁，索赔额约 4500 万美元。

2. 争议焦点

分包商主张，以上分包合同的完工时间延误超过 3 年，是由归责于承包商的事项造成的。管道分包合同的开工因承包商晚提供图纸、材料及现场而延误，之后施工进度因承包商对特定区域指示“待定”（holds）、材料晚供货及设计变更而延误。管道实质性完工后未能试运并完工，其原因是管道末端的场站未完工，也是因为归责于承包商的暂停、材料晚到货、信息提供延迟及变更引起的。承包商还延误了试运，最终取消了 9 条管道的工作。这些延误使分包商遭受重大损失。类似的，储罐分包合同也因图纸延误而延误了开工时间，图纸延误致使无法订购或预制材料。承包商改变了罐的设计，暂停设计等待可能的变更，储罐基础交付延误，因承包商根据主合同完成工作而使分包商无法进入工作区域，最终延误了交工。承包商在两个分包合同中均未认可一天的工期顺延，也没有支付分包商提出的任何关于损失和费用的索赔。

承包商主张，尽管分包商主张的成为延误原因的大多数事件确实发生过，但对项目引起的延误是很小的或者是不存在的，或者是因为事件本身就不重要，或者因为分包商也引起了共同延误。但在与分包商的文件之战未予足够的重视，在许多时候由于分包商的信件完全没有事实依据或者夸大、歪曲事实，承包商选择了不回复分包商的信件。但是，分包商的许多信件措词有力，其结果是，在工程已经结束 5 年后再查看当时的信件，文件证据初看起来是没有异议并且是支持分包商的索赔的。因此，承包商面临着需要澄清事实及延误的详情的压力。

承包商主张，分包商提交的答辩有若干重大缺陷，主要有：分包商声称的权利并没有根据合同第 12 条的要求进行评估，分包商没有正确地引用合同条款，结果是无论如何分包商的主要索赔和选择性索赔均不能胜诉；分包商没有按照合同第 12 条的要求采用预期的因果方式来评估延误事项的时间及费用影响；索赔没有说明因果关系，也没有明确每一项索赔对应的金额；分包商没有按照合同第 12 条的要求履行恰当的通知义务，因此，分包商没能满足时间和（或）费用索赔的前提条件；分包商的工期顺延索赔，没有明确其主张的延误原因相对应的延误时间或额外支付，不仅没能满足合同要求，而且其索赔是过分简单化，混乱并且自相矛盾的。

合同条款第 12 条内容如下：

“12.1 项目经理有权在任何时候以书面形式改变工程的任何部分的设计或图纸，或技术规范材料或设备或施工，或增加或减少与额外的材料或设备相关的工作。

12.2 在未得到项目经理签发的正式的变更单前，分包商不得执行任何此类增加或减少的变更。正式的变更单只有在分包商得到分包商变更价格的批准，或至少，在变更的价值不能立即确定时。计算成本的基础应与对相关的计划完工日期的影响相联系。

12.3 对于已经开工或执行但尚未根据 12.2 款完成的工作，分包商无权得到额外的补偿或完工时间的延长。

12.4 如果分包商意识到任何可能造成工程任何部分完工延误的事件或情况，或其他影响其履行工作的事项，则分包商应在意识到上述的事件或情况后 7 天内书面通知项目经理，并在 3 0 天内向项目经理提交由此带来的延误和财务费用或其他影响。此处的财务费用应采用合同中规定的可适用的费率（如果有）。分包商应采取一切合理措施，减少由此带来的延误及费用。如果分包商未能遵守本 12.4 款的要求，则分包商无权按本 12.4 款得到额外的补偿或计划完工时间的延长。

如果根据分包合同，前述的引起延误的事件或情况使分包商有权得到分包合同的价格变更或计划完工日期的延长，则分包商前述的权利应当通过签发适当的变更单得到正式化。”

例如，关于待定（Holds）的索赔中，分包商声称承包商在许多地点发出许多的待定指令，待定跨越了整个项目，引起了延误。但是，分包商并没能在案件陈述书中明确每个待定的时间长短。关于材料提供晚的索赔，没有明确何种材料延误了多长时间。如果对比施工进度材料有延误，分包商并没有申辩。而且分包商在其案件陈述书中承认合同中并没有明确的材料提供日期。关于壁板设计变更，分包商的唯一主张是因为壁板变更材料导致了材料到现场的延误。关于交至现场的具体材料、交付时间及分包商因未能在适当的时候得到足够的报价而延误了多长时间等方面，没有提供相关文件证明。

3. 仲裁裁决

承包商对该仲裁采取的策略是积极应对，仲裁案初期就制定了积极应对的策略，聘用国际一流的律师、专家，组织高水平的内部人员，严格按照仲裁程序和规则做好每一项相关工作，显示公司认真对待仲裁案的态度并且有获胜的信心，并向分包商施加压力，迫使其放弃不合理的索赔要求，主动回到谈判桌。在仲裁进行的同时，不放弃和解谈判的努力。在仲裁程序允许的范围内，以密封报价等形式给对方加压。

仲裁历经三人仲裁庭成立，双方提交案件陈述书和答辩书，文件披露，密封报价及就密封报价的反建议书，最终以远低于分包商索赔的金额达成和解协议，仲裁程序以和解方式结束。

4. 结果分析

本仲裁最终以和解方式结束，双方均避免后续仲裁程序的相关费用，避免了执行仲裁裁决的环节，是双赢的结果。

5. 承包商可以借鉴的经验

（1）仲裁裁决的执行。

如果仲裁以仲裁裁决的形式结束，而仲裁庭的裁决有利于任何一方，则除非败诉方自愿支付，否则胜诉方将必须通过正式的法律手段在败诉方可被执行的财产所在地执行仲裁庭的裁决。根据纽约公约的规定，执行国际仲裁裁决通常需要向被执行的财产所在国法庭提交申请。执行裁决的过程是由该国适用的程序法管辖的，《纽约公约》并没有规定具体的执行方式。依据律所的实践经验，即使是在鼓励执行《纽约公约》的国家，依据《纽约公约》执行仲裁裁决通常是一个长期且费用高昂的过程。因此本案以和解方式结束是对双方均最有利的结果。

（2）密封报价的策略性使用。

仲裁过程中，为了增加由对方支付双方仲裁费用的风险，通常由被申请人提出和解报价，英国律师将此报价称为考尔德报价。考尔德报价存在的时间较长，英国仲裁庭已经将其视为仲裁程序的组成部分。考尔德报价的存在及条款对仲裁庭是不公开的。直到仲裁结案，仲裁庭评估费用责任时才会开封。因此，此类报价被称为“不得用以损害我方实体权益，且对方须承担我方自发出和解请求之日起产生的一切法律成本”的报价。

以上述第二案为例，如果承包商提出和解报价，分包商拒绝接受且最终裁决额不高于报价费用，则仲裁庭可以在就费用裁决时考虑该和解报价。对于拒绝了合理的和解报价的当事人，通常会被指令支付自报价有效期截止之日起对方发生的费用。

密封报价的作用可以用以下的例子来说明。

【例 1】 假设分包商的索赔总额为 10 万美元。承包商在 2010 年 1 月 1 日提出 5 万美元的和解报价，报价有效期至 2010 年 2 月 1 日。分包商在 2010 年 2 月 1 日拒绝了报价。之后分包商在听证后得到了 2 万美元。尽管仲裁庭对于费用的裁决有最高的自由裁量权，但最有可能的结果会是：裁决承包商支付分包商截至 2010 年 2 月 1 日的费用。做出此裁决的基础是分包商实质上胜诉，并且至少到报价提出之日，分包商坚持索赔的决定是正当的。

裁决分包商支付承包商自 2010 年 2 月 1 日之后发生的费用。此裁决的基础是分包商本来应该接受承包商的报价，由于拒绝了承包商的报价，分包商通过听证只得到了少于承包商报价的裁决。因此，分包商在本可以接受承包商报价的情况下，不合理的使仲裁继续进行下去。

【例 2】 承包商提出同样的报价，分包商同样予以拒绝。

分包商最终在听证后得到了 6 万，这时最有可能的结果会是由承包商支付分包商为整个仲裁发生的费用。这样的裁决基础是分包商拒绝承包商的报价并坚持索赔的做法是正确的。因此，报价将忽略不计，费用的裁决正常进行，不受所做的报价的影响。

但是，对于是否及如何确定密封报价对费用裁决的影响，仲裁庭有自由裁量权。

由上述例子可以看出，提出密封报价可以加大由分包商支付承包商费用的可能，并且迫使分包商考虑是否有可能得到高于密封报价的裁决。另一方面，如果承包商不提出密封报价，分包商会完全不考虑其索赔中存在的缺陷，一直坚持到听证。这样，即使分包商在听证后只得到很低裁决额，但承包商将承担分包商的大部分仲裁费用并自行承担承包商自己的仲裁费用。

提出考尔德报价是纯粹的策略问题。但是，密封报价一经对方接受，即对双方生效。因此，提出的密封报价必须是承包商愿意接受的解决方案。考尔德报价有效期至少为 21 天。有效期满后，报价不会撤回，分包商仍然可以接受，但对于分包商的合理费用将会另做协商。

第三节 诉 讼

一、含义

诉讼是司法机关和案件当事人在其他诉讼参与人的配合下，为解决案件所进行的全部活动。在国际工程建设项目中，当事人双方的争议，除通过仲裁解决外，还可以通过诉讼方式解决。由涉外民事关系引发的民事诉讼称为涉外民事诉讼或国际民事诉讼。

尽管仲裁是国际工程建设项目较为普遍采用的争议解决方式，司法诉讼仍是解决合同争议不可缺少的手段之一。如果争议各方不能通过协商、调解等非法律程序解决争议，而又事先未约定仲裁，或产生争议后不同意以仲裁作为争议的最后解决方式，那么争议将不得不向法院起诉，由法院做出判决。

诉讼是公力救济的产物，它从一开始就显示了国家的力量，从而体现了绝对的权威性。但作为国家公权力解决纠纷的特点，民事诉讼也存在着许多局限性：

（1）成本高昂。民事诉讼是一种成本高昂的争议解决方式。诉讼是以国家公权力为后盾解决民商事争议的一种机制，国家为保证诉讼的顺利进行需要投入相应的人力、物力和财力。

（2）耗时较多。民事诉讼相对而言比较花费时间。诉讼迟延或“积案”是几乎存在于任何国家任何时代的一种令人烦恼的现象。产生诉讼迟延的原因可能是多样的，但根本原因之一是诉讼要提供充分的程序保障，因而诉讼程序比较繁琐刻板僵硬，耗时较多是不可避免的。

（3）公正性问题。各国法院都或多或少存在地方保护或保护本国利益的色彩，使得当事人对于法院的公正性有所怀疑，对法院的信赖程度也大打折扣。

（4）专业性不强。法院对于国际工程项目纠纷涉及的复杂的技术性和专业性问题往往难以审理。

（5）缺乏隐私性。诉讼与审判是公开性的，不仅对当事人双方公开，而且对全社会公开；不仅是过程公开，证据和结果也是公开的。当事人的个人隐私和商业秘密不得不暴露于公众，这是许多当事人难以接受的。

二、诉讼流程

（一）诉讼管辖

对国际工程承包合同中，争议解决条款直接明确通过当地法院解决争议的，或者在合同中未明确争议解决方式的，则争议的任一方均可向有管辖权的法院起诉，该法院可以根据其本身的管辖权限决定是否受理，或者转由其他有管辖权的法院受理。如果合同条款规定以诉讼方式解决争议，建议承包商要求订入"专属管辖权"条款，即规定当事人各方将合同争议提交某一指定国家内某一指定地点的某一指定法院，而不是只简单规定提交该国的主管法院，这样，可以避免产生应由哪一个法院就争议做出判决的问题。

诉讼管辖权，是指法院对案件进行审理和裁判的权力或权限。国际民事诉讼管辖权，是指一国法院依国际条约和国内法受理和审判涉外民商事案件的权限。其核心问题在于一国法院依据什么原则或标准取得涉外事案件管辖权，确定国际民事案件管辖权的法律依据是国际条约和国内立法。

在国际民事诉讼中，一国法院取得了管辖权，也就取得了适用法律的主动权，因此，诉讼管辖权在国际民事诉讼中占有头等重要的地位。由于各国管辖权原则不同，且各国均力求扩大自己的涉外民事案件的管辖范围，在经常发生的管辖权冲突中，逐渐形成了一些比较公认的标准。一般情况下，案件应由被告住所地所在国管辖，也允许依诉讼标的的所在地或争议问题的性质确定管辖权。在案件与国家有至关重要的联系时，允许各国对此等案件实行专属管辖。例如，当一国主张其法院对某些案件（如关于不动产争议）具有排他的管辖权时，若当事人不遵守此规定，那么，其他国家就该案的判决在该国境内将得不到承认和执行。同时，因在法律适用方面适用"意思自治"原则，因此，各国立法在管辖方面也允许当事人通过协议选择管辖权。但是，当事人的"意思自治"并不是毫无限制的。归纳起来，主要有以下若干共同限制条件：

（1）当事人协议选择管辖法院，不得违反法院地国的公共秩序；

（2）当事人协议选择管辖法院，不得排除法院地国的专属管辖权，不得违反法院地国的级别管辖；

（3）当事人协议选择管辖法院，必须出于善意。

此外，各国根据本国的具体情况，对协议管辖的实施采取一些特别的限制，且各不相同。这些特别的限制包括：对协议管辖的书面形式要求，合理联系的要求，适用范围的要求，时间条件的要求，方式的要求等。承包商应了解项目所在国相关的适用于合同的实体法律，特别要了解法律规定中的某些强制措施，例如：拘传、拘留、冻结资产、没收、驱逐出境等。以及法律规定中允许采取的保护自身权益的措施，例如：抗辩、抵制、反诉、上诉等，以防不测和保护自己。

（二）诉讼程序

1. 启动

诉讼以当事人向法院提出起诉状的方式开始。提出起诉状的一方称为原告，被起诉状指控的一方称为被告。原告应提交书面起诉状，并按被告的人数提交诉状副本。法院受理案件后，应及时将起诉通知和诉状副本送达被告，并要求被告限期提出答辩状。

2. 开庭审理

在英美法系和大陆法系国家，开庭审理的形式是不同的。

英美国家的庭审，以双方当事人对抗的形式进行。即由双方当事人的律师作开庭陈述，依次由原告和被告向法庭简述案情概要，以及后续将要提交的证人情况与证据要点。由原告和被告提交证据。原告律师询问原告证人，即“直接询问”，这种询问从有利于原告出发，目的是引导陪审团和法官接受自己的主张。然后，由被告律师对原告证人进行“交叉询问”，目的是找出破绽或揭露证词不真实，以使陪审团和法官认为原告证人的证词和证物不足为凭。之后进行法庭辩论，经过证据的提交和质询，双方可以进一步就证据的真实性、关联性、合法性等效力问题进行辩论，这一过程与质证可视为一个整体。

大陆法系更为强调实体公正，在审判中采用的是以法官为中心的职权主义、干涉主义，询问、质证等主要庭审程序基本上均由法官主导，最后的判决也由法官作出。

3. 判决与上诉

英美法系采用判例法制度，判决书多使用归纳法进行推理，由法官个人署名，生效判决对将来的其他案件起到判例作用。大陆法系的判决书只是对立法文件的提及，简略叙述事实，以及结合两者得出的一项结论，具有标准化，格式化的特点。

上诉是诉讼当事人不服第一审法院的判决，在该判决发生法律效力之前，要求上级法院加以审查纠正的一种程序。

近代各国立法，大都采用复审主义，即允许上诉，但对审级制度的规定也不完全相同。例如，法国实行三级三审制，日本实行四级三审制。

4. 判决的承认与执行

在国际民事诉讼中，承认与执行外国法院判决，是指一国法院依据其内国立法或有关的国际条约承认有关外国法院的民商事判决在内国的域外效力，并在必要时依法予以强制执行。承认与执行外国法院判决是一种重要的司法行为，是外国的国际民事诉讼程序在内国的继续，是整个国际民事诉讼程序的归宿，是有关司法程序的实质所在。如果某一外国法院判决得不到内国法院的承认与执行，不仅诉讼各方当事人以前的民商事法律争议没有获得最终解决，有关当事人的合法权益得不到切实保护，还给各方当事人带来了诉讼费用方面的损失。所以，承认与执行外国法院判决在国际民事诉讼法中具有极为重要的意义。各国都以审慎的态度，通过国内立法和签订国际条约，予以妥善规定。

承认与执行外国法院判决的程序有以下三种：

（1）执行令程序。执行令程序是指执行国法院收到承认与执行判决的申请后，仅对该外国法院的判决进行形式审查，符合承认与执行条件时，颁发执行令予以执行。采用执行令程序时一般不对外国法院判决的实质内容进行审查，手续较为简便。大陆法系国家多采用此种程序。

（2）登记程序。登记程序是指执行国法院收到承认与执行判决的申请后，根据条约进行登记，并在登记的基础上承认和执行。登记程序仅为英国采用，但须有条约作为基础，并非所有判决都可以采用登记程序，登记程序主要针对金钱给付、离婚、分居等判决。目前法、比、德、挪、意、奥、以色列以及部分英联邦国家，其作出的判决如符合 1933 年英国《外国判决（相互执行）法》规定的条件，便可以登记程序在英国执行。

（3）重新起诉程序。重新起诉程序是指当事人将外国法院判决交执行国法院并重新起诉，执行国法院经审理后作出新的判决，并按执行内国法院判决的程序执行。在此程序中，外国法院判决只是作为诉因，执行国法院将其作为证据看待，被执行人可以在审理中对外国法院判决进行抗辩。美国将此程序适用于承认和执行外国法院作出的金钱给付判决；英国对不适用登记程序的外国法院判决，适用重新起诉程序。

三、诉讼案例

以下案例重点讨论某非洲国家进行诉讼的过程和程序。

（一）基本事实

2000年初，某非洲公司（以下简称A）同某中国公司（以下简称B）协商，以B名义联合投标业主C的某基础建设项目。项目中标后，A与B签订代理和分包合同，合同规定，B只收取5%的管理费，项目具体执行由A负责，A负责项目的施工、项目赢利或亏损、法律责任等。

项目进入执行期后，C两次通知项目延期开工，最终A于当年年底开工并建成。

（二）诉讼过程

1. 索赔和仲裁阶段

A公司以业主C延期开工为由，提出工程设备停滞费的索赔，索赔得到业主部分批准。A公司认为业主C批准金额过低，2001年通过B公司向业主C提出仲裁。B公司经对A公司索赔的评估，认为大部分无合同依据并缺乏支持性材料，因此放弃与业主C进行仲裁的行动，B公司与业主C共同通知停止仲裁。

2002年，A公司向B公司提出仲裁，提出数倍于合同额的索赔要求。仲裁在项目所在国进行，仲裁庭裁决由B公司赔偿A公司巨额索赔，以及相关的仲裁费和律师费。

2. 申请撤销仲裁裁决的诉讼阶段

B公司以仲裁员腐败等为由向当地法院提交申请，请求撤销仲裁裁决。根据所在国诉讼程序，该仲裁裁决历经初审法院一审撤销仲裁裁决，上诉法院二审撤销一审裁决，维持仲裁委员会的仲裁裁决，最高法院三审终审撤销仲裁裁决，B公司胜诉。A公司向最高法院提出复议申请，被最高法院驳回，此时，已到了2008年。至此，关于该纠纷的仲裁程序最终以B公司胜诉而结束。

根据当地法律，B公司仍可将该案提交有管辖权的法院进入诉讼程序。2009年，A公司启动了诉讼程序，向当地法院提出了诉讼。最终因A公司整体经营业务转移，诉讼程序未进一步进行。

（三）争议焦点

1. 代理关系

此案争议的焦点之一是A公司与B公司之间是否存在代理关系。A公司与B公司签署协议时，没有律师参与签署，不恰当地使用了SOLE AGENT字样。本意是B公司代表A公司就该合同的执行直接与业主联系，并没有其他任何与合同无关的代理关系及事实存在。

2. 索赔包的合理性

仲裁期间，围绕整个索赔包，双方就设备停工、停工导致的合同价格增加、非工作量表中的工作等十几项索赔进行了初步辩论，A公司否定了绝大部分的索赔。

（四）可借鉴的经验

1. 合同签约前的审查

中国公司在海外承包工程执行过程中，面临着众多的当地分包商和供货商。为合理规避合同和法律风险，当地律师参与中国公司当地经营活动是中国公司重要的自我保护措施。合同正式签约前的法律审查是必要的，应结合国际通行的合同理念与当地法律，充分理解合同条款和用语中的隐含意义，避免因关键词语的不当使用而导致不利后果。

2. 诉讼的选择

本案涉及的合同中，诉讼程序历经初审、再审和三审，直至复议，前后历时5年，说明了诉讼程序的繁琐和耗时性。因此，建议在国际工程建设项目中，应优先选择仲裁方式，同时注意选择中立的或第三国的仲裁机构。可以约定仲裁为最终裁决，对双方均有约束力，双方均放弃相应的可能有的诉讼权力等，以期对双方争议最终公平、高效率地解决有一定的帮助。

第八章 国际工程建设项目变更与索赔案例

第一节 变更案例

一、法律法规变化案例

【案例】中东某产油国占据可观的世界石油储量，其石油工程建设市场属于高端市场，相关技术和施工标准要求严格，但市场空间巨大。从近30年的发展来看，该国石油工程建设市场一直被西方发达国家所垄断，为摆脱这种被动局面，该国也在不断寻求新的合作伙伴。我国某大型石油工程建设公司在国际市场积累了良好的经验和口碑，在经过多年的调研和项目跟踪后，成功进入了该国市场，从而推进了该公司乃至国内石油工程建设行业的跨越式发展。

2008年1月，中方公司以议标方式成功中标某一原油管线项目，项目业主为当地国家石油投资公司。业主聘请了一批有丰富国际石油工程经验的欧洲专家组成了项目管理团队，其中以德国和英国专家为主；业主同时聘请了一家国际知名的德国公司作为其监理公司，对项目和承包商进行严格控制。为成功执行该国际高端市场项目，中方公司在当地组建了一支实力强劲的“多国部队”，项目管理人员共来自11个国家，其中外籍管理人员在高管层中占14%，中层管理人员中占25%，基层管理人员中占48%。中方企业初次进入该高端市场，针对该国市场的特殊情况，相应调整了战略对策，充分利用当地代理公司协调运作 EPC 合同签订前及执行中的各项工作。代理公司与当地政府及项目业主有着良好的合作基础，同时熟知当地石油行业信息及规则，为承包商成功获得和执行项目发挥了重要作用。中方公司在合理利用当地和国际资源的同时，也充分考虑了外籍项目团队的有效控制和管理问题，为此，中方企业建立了一套较为完善的项目管理制度和程序，其中包括规定项目对外信函和合同性文件审批签署的“项目文件签字审批程序”，以及规定项目各部门须向项目执委会提请决策事项的“项目执委会决策汇报程序”等。

2009 年 6 月，在项目 EPC 总承包合同签署 7 个月后，业主收到当地主管国家重要基础设施建设的政府部门的来函，要求业主将最新颁布的安全保障标准应用于整个工程中，此时项目详细设计进度已过半，采购进度超过 30%。业主监理公司在收到该文件后立即通过邮件形式转发给中方承包商，要求承包商评审该文件；承包商收到该邮件后于第二天通过正式信函方式立即回复业主，通知业主该评审要求及随后的执行工作将构成一个工程量变更，因此要求业主通过正式信函方式指示承包商应依照政府部门最新安全保障标准执行该项目并承认承包商相应享有变更权利；12 天后，业主正式回函要求承包商评估该新安全标准对项目的影响；2 天后，承包商向业主回函对该新安全标准提出了基本分析及若干澄清问题；5 天后，业主回函称其将评审承包商的分析并决定执行该新安全保障标准；在随后的一个月里，业主与承包商多次就该问题进行反复讨论，承包商提出依据现有的资料其无法向市场询价并确定价格和工期影响，承包商建议业主首先确认承包商对该新安全标准进行设计分析以便确认新增加的额外工程量及潜在的对项目的影响；一个月后，业主通过正式信函方式向承包商提交了新安全标准的设计工作范围，并要求承包商分两步分别提交变更申请单，即第一步先对工期影响较大的部分提交包括工程量、费用及工期影响在内的变更申请单，第二步对其余部分另行提交一份变更申请单；10 天后，承包商正式提交了新安全标准设计部分的变更申请单，并在得到业主正式批准后启动了该变更的相关工作。

【评述】本案例涉及适用法律法规变化问题。按照国际工程建设项目的一般惯例，承包商在报价中应考虑标书递交后一段时间内或合同签订前已生效的法律法规对报价的影响，在合同执行阶段，如果适用法律法规发生变化，该变化对承包商履行合同下的义务造成影响，则承包商有权就其招致的损失获得业主的补偿。在该案例中，项目当地政府部门在合同签订后颁布的安全保障新标准属于适用法律变化范畴，该新标准对承包商造成了成本和工期的影响，承包商因此有权获得相应的补偿。但是值得注意的是，本案例中是由当地政府部门通知业主新标准的颁布，再由业主指示承包商变更项目工作，如果业主未接到当地政府部门的通知，在该新标准已经公示的前提下，承包商有义务在项目合同中索赔条款规定的时限内发现并通知业主新标准的颁布及可能对项目造成的影响，如果承包商不能在项目合同规定的提交索赔通知时限内通知业主，则双方很可能就适用法律法规变化导致的损失补偿问题产生争议。

二、合同外工作量增加案例

【案例】某欧洲设计服务商承担了某大型原油储运项目的详细设计工作。按照设计分包合同，设计分包商的工作范围不包括储油罐基础的详细设计，现场地质研究工作属于基础设计分包商的工作范围。设计分包商开始详细设计工作后发现，由基础设计分包商提供的现场地质研究数据根本不足以作为详细设计的基础，同时也不能用于油罐基础改进工作。设计分包商随即将该情况报告给总承包商，总承包商指示设计分包商承担额外的地质研究工作，并据此对油罐基础改进工作提出建议。设计分包商在接到指示后聘请了当地一家专业从事地质研究的公司，该公司对现场进行了实地调研，设计分包商对所获取数据做了一定的研究分析。在设计分包商的地质研究工作尚未完成时，总承包商口头指示设计分包商暂停工作并将有关工作转交另一家公司，并要求设计分包商以该公司提供的地质数据作为详细设计的基础，总承包商随后通过正式信函确认了该指示。设计分包商随即终止了其聘请的专业地质调研公司的工作，并向总承包商提交了变更申请，其中包括了由专业地质调研公司完成的工作，以及由设计分包商自身完成的分析工作两部分，同时将已完成工作作为附件附于变更申请后。在经过各相关方会议讨论后，承包商批准了该变更申请。

【评述】该案例涉及合同以外的工作量增加问题。在国际工程建设项目中，明确工作范围及工作界线的划分是工作量变更的前提，特别是对于切块的分包合同，在签订合同前必须将不明确的工作范围和界面划分与业主进行澄清，并将澄清后的内容写入合同，在额外工作量发生时准确判断其在合同规定的工作范围以外，只有这样才能减少合同签订后双方就工作量变更产生的争议。在本案例中，设计服务商准确地提出了现场地址研究数据的不充分，同时及时将该情况报告业主，在获得了指示后判断其为额外的工作量，并依此向业主提出了工作量变更申请。

三、已确认排除技术要求重新增加案例

【案例】某产油国石油工程项目由该国内某石油工程公司总承包，其中10个大型储油罐作为一个小EPC项目对外分包，储油罐小EPC分包对业主采用开卷形式（Open-Book），即业主参与招投标、授标、合同谈判、签署全过程，技术和商务信息完全对业主公开，技术文件和商务条款都由业主确认后才能签署生效。某年10月15日由业主确认批准的授标函发出，其中已写明罐板底层不需要喷涂处理；次年2月11日，由项目投产运营商、业主、承包商及大罐分包商举行的技术例会中确认10个罐板底层仍要求喷涂处理；2月25日，大罐分包商通过电子邮件向承包商发来喷涂处理的三种方案供选择；2月26日，承包商向业主发出变更申请单，并在其中推荐了费用最低的第三种方案；3月18日，业主原则批准了承包商变更申请单，但要求其采用第一种方案；3月25日，大罐分包商在获知业主要求采用第一种方案后向承包商提交了变更申请单；3月26日，承包商相应向业主提交了变更申请单并得到了业主的批准。

【评述】该案例涉及已确认排除的技术要求重新要求增加的问题。在国际工程建设项目中，一些技术要求在签订合同时尚不能确定是否需要，此时业主一般会要求先不将这些技术要求放入合同中，在项目执行过程中研究确定需要增加该技术要求后，业主再发出变更合同的指令，此案例即为此种情况，这就要求承包商对合同签订时的工作范围和技术要求了然于胸，在业主发出指令后确定其是否为合同要求，只有这样才能避免日后争议发生。

四、项目设施位置变化案例

【案例】中东某国原油管线项目由某大型石油工程公司总承包，项目包括原油海上装船系统，总承包商将其作为一小EPC项目对外分包。某年12月24日，业主来函通知海岸上拟建的炼厂平面图修改，炼厂位置调整，原油装船管线的位置也因此调整，要求总承包商相应修改设计文件，并提交变更申请单。总承包商在收到该指示后立刻通知了海上装船系统分包商，12月29日，海上装船系统分包商随即对修改后的输油管线位置进行实地调研。12月30日，业主口头通知总承包商输油管线位置待定。12月31日，总承包商回函业主告知其已通知海上装船系统分包商，同时要求业主按照主合同变更程

序发出变更建议请求（Change Proposal Request）。次年1月5日，业主通过邮件方式将修改后的第二版平面图发给总承包商，并标明了输油管线的新位置。1月7日，承包商回函业主，告知其海上装船系统分包商的所有活动暂停，等待业主发布的最终平面图。1月22日，项目监理公司来函提供了第三版平面图。2月2日，承包商收到了第四版平面图的草稿，承包商随即回函确认收到。2月5日，项目监理公司正式通过信函方式提交承包商第四版平面图。3月29日，承包商发函要求业主和监理公司确认平面图的边界位置。3月31日，项目监理公司来函告知平面图边界为其与当地政府有关部门会议讨论达成一致的结果，并将新一版平面图再次提交承包商。在承包商的要求下，4月1日，业主来函确认监理公司发出的最新版平面图为最终确定版。同年7月15日，海上装船系统分包商正式向总承包商提交变更申请。依据分包商的变更申请，承包商也随即正式向业主提出了变更申请。

【评述】该案例涉及项目设施位置变化问题。在国际工程建设项目执行过程中，项目设施的位置变化特别是管线路径的变化时有发生，而这种变化往往会对施工工作造成很大的影响，因此尽早确定位置变化和尽可能减少因位置变化造成的损失是业主和承包商共同努力的目标。在本案例中，由于当地有关部门临时决定在原油装船管线的路径上建造炼厂，导致原油装船管线位置经多次修改后才最终确定，承包商暂定了海上装船系统的有关工作等待最终版平面图的确定，最后提交了变更申请并获得了业主的批准，在整个过程中承包商暂停手头工作和等待业主正式确定最终版文件的做法是正确和合理的，是对项目和业主负责任的表现，因此也顺利地获得了业主的变更批准。

五、承包商要求增加备选方案案例

【案例】某欧洲公司与产油国当地工程公司组成联合体共同投标一海上装船系统项目，在投标阶段，投标商发现招标文件中海上部分工作范围内不包括压力波动缓冲系统（Surge Relief System）。在8月7日的一次由业主、投标商及其他各相关方参加的澄清会上，投标商提出有关压力波动缓冲系统的三点说明：（1）投标商确认其标书中未考虑压力波动缓冲系统；（2）投标商将在详细设计阶段给出有关压力波动缓冲系统的最终推荐意见；（3）投标商将提供有关压力波动缓冲系统的备选报价。9月23日的第二次澄清会上，投标商按要求提供了压力波动缓冲系统的备选价格。9月26日，业主对上一次澄清会上的问题做出答复，其中包括确认接受压力波动缓冲系统备选价格的决定。10 月 22 日，业主正式发出授标函，各次澄清会会议纪要及业主答复作为了授标函的附件。投标商在中标后开始了详细设计工作，并聘请了业主批准的分包商名录中做海洋压力波动缓冲分析的专业分包商出具了有关报告，报告中要求三处单点系泊都需要安装压力波动缓冲系统。次年 3 月 6 日，承包商向业主提出了变更申请，并将海洋压力缓冲系统分析报告作为其附件。经过各相关方的多次会议讨论后，该变更申请获得了业主批准。

【评述】本案例涉及承包商根据经验主动要求增加备选方案的问题。作为一个有经验的国际工程建设承包商，对于行业内项目的工作范围和工作量应该有清楚的认识，在投标阶段甄别出招标文件工作范围中的缺失项和可优化项是可以做到的，在这种情况下，如果业主暂未决定是否批准承包商提出的备选方案，承包商可提出将其不计入合同总价但放入合同文件中作为日后参照，在项目执行过程中如需临时使用该备选方案则可以省去双方讨论和议价的过程，这对项目整体及业主和承包商各方都是有利的。

第二节　索赔案例

一、业主提供的基础数据准确性案例

【案例】国内某石油工程公司总承包某海外石油工程项目，其中海上装船系统作为一个小 EPC 项目对外分包，海上装船系统小 EPC 分包对业主采用开卷形式（Open-Book）。某年 9 月 23 日，海上装船系统第六次由业主、监理、承包商和分包商（此时未授标）共同参加的澄清会举行；9 月 26 日，分包商针对第六次澄清会中业主提出的问题做出书面回复，其中特别强调了其标书是基于前端基础设计数据编制，任何前端基础设计数据的变化依照合同中有关条款都将导致合同价格和工期的变化，其中还指出前端基础设计数据中假定了海底土壤参数，分包商根据该海底土壤参数选择了 3 个单点系泊（Single Point Mooring）共 18 个固定锚（anchor）的尺寸，并在商务标中做了相应报价；10 月 22 日，海上装船系统授标函由业主批复确认后正式发出，其中以上澄清文件作为授标函的一部分，其优先级高于招标文件；次年 7 月 29 日，分包商向承包商提交了关于实际海底土壤条件与招标文件中不符造成固定锚尺寸增大的索赔申请，其中说明了分包商雇佣了一家业主批准名单中的专业海洋公司做了海底土壤条件调查，调查报告中显示实际海底土壤条件与招标文件中假定参数有很大出入，分包商在索赔申请中附了调查报告和根据调查报告中的实际海底土壤参数确定的固定锚尺寸及费用影响；8 月 20 日，在与分包商经过几次针对该问题的专题会议后，承包商向业主提交了正式索赔申请；由于该申请数额较大，业主、监理、承包商和分包商经过了多次会议磋商，最后于 10 月 14 日正式获得批准。

【评述】该案例涉及业主提供的基础数据的准确性问题。在国际工程建设项目中，业主通常会在招标文件中提供项目的一般要求，基础设计数据及项目现场和环境资料等，但业主对其所提供的基础数据一般不承担准确性和完整性的责任，承包商有义务在投标阶段对这些数据进行核实。如果业主提供的基础数据有误，承包商基于这些数据的报价低于项目实际成本，则由此带来的损失由承包商单方面负责。但对于一些在投标截止日期前确实无法核实的基础数据，如现场地下数据和海底水文和土壤数据等，承包商只能以业主提供的数据为基准报价，在这种情况下，如果承包商在标书中向业主明确了这些无法确认的数据，同时保留其就这些数据变化导致项目成本和工期增加的索赔权，则承包商有权就有关损失向业主提出索赔。在本案例中，出于时间和成本的考虑，投标商无法在投标阶段雇佣第三方专业海洋公司做海底土壤条件调查，因此只能以业主提供的基础设计数据中假定的海底土壤数据选择固定锚的尺寸并依此报价，投标商在其标书中强调了这一报价基础，并将标书作为了授标函的一个组成部分，这些工作都是承包商在中标后能够索赔成功的关键要素。

二、施工现场进入权移交案例

【案例】中东某地区原油管线项目由国内某大型企业承建。双方 EPC 总承包合同中有关现场使用权移交条款中规定管线路径中的山区段须与另一条气管线承包商共同使用，并要求承包商提前将该段施工计划上报业主，业主将与气管线业主及承包商进行协调。主合同签订后，承包商按时提交了该段的施工计划，得到业主批准后，承包商按该计划日期开工该段。某年 4 月 2 日，承包商接到业主正式信函要求承包商停止山区段一切施工活动，并通知承包商恢复该段工作的时间最早于当年 8 月 1 日。4 月 5 日，承包商向业主回函，确认接受业主的指示，并将在充分收集和计算工期及费用索赔支持文件后向业主提交索赔申请。6 月 1 日，承包商向业主递交了正式索赔申请。索赔申请中承包商向业主陈述了在接到业主暂停山区段施工活动后承包商所做出和计划做出的一系列调整活动，并针对各项活动列出了费用索赔清单，同时说明该费用清单成立的条件是承包商在 8 月 1 日前可以进入山区段重新开展施工活动，如果 8 月 1 日前可恢复施工，则项目完工日期不受影响。索赔申请中还明确提出了气管线承包商在施工期间需要对道路和围栏等负有维护和复原责任。6 月 23 日，业主对承包商索赔申请正式批复，业主认为承包商已完成工作的费用以及计划完成工作的费用支持性文件不足。7 月 5 日，承包商回复业主批复，对索赔申请内容进行了澄清和解释，并坚持索赔申请中的所有内容不修改，如业主要求修改，请其给出具体修改意见和依据。8 月中旬，业主再次通知承包商，气管线承包商无法在 8 月底前按期移交山区段施工现场，预计完工日期会在次年年初，具体完工日期在接到气管线承包商通知后将另行告知。次年 1 月 12 日，在接到气管线承包商预计在 2 月 25 日完成其施工工作并移交现场使用权的通知后，承包商向业主提交更新后的索赔申请，除索赔金额增加外，项目总工期向后顺延 3 个月。

【评述】该案例涉及施工现场进入权移交问题。在国际工程建设项目中，施工现场的征地和移交是业主的主要义务之一。业主应在合同规定的时间内给承包商进入和使用现场的权利，如果不能按时移交现场并给承包商造成了损失，则承包商有权就该损失向业主提出索赔。如果合同中没有规定业主移交现场的时间，则承包商可在项目授标后向业主提交施工进度计划，如业主批准该计划或在一定时间内未对该计划提出异议，则业主应按照该计划中规定的承包商进入现场开展施工活动的时间给予承包商进入和占用现场的权利。在该案例中，承包商按业主要求提交了施工计划，在得到业主批准后按照该计划动员了人员和施工机具，但由于业主无法协调管线路径上现场使用权，导致承包商已动员的人员和施工机具待工，并最终导致了项目总工期延误，承包商因此有权获得相应工期和费用补偿。值得注意的是，对于施工现场纵深较长的项目（如管线项目等），业主可能在合同签订前仍未完成整个项目的征地活动，因此也无法在合同中规定具体的移交现场时间。在这种情况下，如果项目总工期已经确定，则承包商应尽早向业主提交施工进度计划，明确承包商向现场动员施工人员和机具的时间，从而降低由于业主原因无法按时移交现场导致项目延期的争议发生。

三、非常规索赔案例

【案例】该石油工程建设项目所在国为联合国宣布的世界最不发达国家之一。该国经济结构单一，以农牧业为主，工业落后，基础薄弱。为加快经济复苏的步伐，当地政府于1993和1996年分别发布了新经济法规，实施了一系列措施，鼓励外国投资，促进出口。1997年，政府开始重点扶持优先发展的战略项目，利用石油出口带动经济复苏，通胀率和赤字均明显下降，经济状况趋向好转。近些年，政府积极调整工业结构，重点发展石油、纺织、制糖等工业。1999年，石油开发取得较大进展，并成功成为了石油出口国。随着大量石油出口，经济状况大为改善，目前在非洲国家中保持了较高的经济增长率。

该石油工程建设项目业主为当地石油公司，该项目是当地确保稳产和实现新老油田接替的战略性项目，项目采用EPCC总承包合同模式，合同双方为当地业主与中方公司（A公司），EPCC总承包合同于2005年7月3日生效，其中机械完工日期为2006年6月18日。依据国际石油工程建设实践经验，同样规模的项目一般需要16个月左右，而该项目工期只有11个半月，时间紧、任务重，堪称A公司近年来挑战最大的项目。合同规定了高额的误期赔偿金，如果项目不能按期完工，每延误一天将赔偿业主合同总额的0.35%。针对如此紧张的工期和如此高的罚款额度，A公司在投标前期就已经向业主提出过修改意见，但业主为了尽早让项目完工进入商业运营并获得收益，对于既定的工期已无任何商量的余地，因此能够承诺在规定的时间内完工成为了承包商能否中标该项目的关键性因素之一。经过公司上下的充分研究论证，A公司最终在众多的承包商中脱颖而出，一举夺得该项目。

在项目前期投标和合同评审阶段，A公司就确定了其项目执行策略，即在工期不合理的情况下尽最大可能通过索赔途径规避工期延误罚款并争取最大效益。该项目自2005年7月启动以来，采办工作作为项目的重要组成部分，在前期阶段曾因部分关键设备供应厂商供货期推迟而严重滞后。A公司积极采取有效措施，努力改变被动局面，在确保设备和物资及时到达项目现场的同时，积极向业主争取己方为保证项目按期完工所采取的非常措施而发生的额外费用。

2006年3月，印度厂商供应的火炬分液罐出厂进度严重滞后。根据供货合同规定，火炬分液罐属于超尺寸、超重设备，如果该分液罐以整体形式出厂，通过常规的运输将花费大量的时间，这势必会对原本滞后的项目进度雪上加霜。为最大限度减小由于该设备的延迟交货对项目进度的负面影响，根据业主的建议并经过该公司的充分研究论证，要求厂商在工厂将设备分片交货，采取空运的方式运输到该国首都，然后再在境内采取空运的方式将设备直接运到项目现场，这样大大缩短了该设备的交货周期，保证了项目的计划进度。当然，采取这样的非常措施是以增加项目成本为代价的。按照主合同规定，承包商在采购过程中对货物的催交催运所引起的项目成本增加属于承包商的责任范围，与业主无关。另外，在项目投标阶段和项目授标前业主与承包商的澄清过程中，特意对火炬分液罐的尺寸做了确定，同时针对业主对项目采购催交催运的提问，该公司已经明确答复如果由于一些关键设备不能按时到达项目现场而给项目进度造成延误，承包商方面将考虑采取空运措施，并表示对业主无费用影响，该项确认已写进合同。

为避免可能因项目不能按期完工而遭到业主罚款，同时为争取实现项目最大效益，A公司在采取空运火炬分液罐措施的同时，对即将增加的空运费向业主进行了争取，于2006年5月28日向业主正式递交了请求业主补偿空运费的信函。如前所述，由于该笔费用增加不属于业主责任范围，A公司的请求遭到了业主的拒绝。鉴于此种情况，A公司分别于2006年6月7日和6月8日给业主回信，陈述其观点和理由，争取业主与其就该事宜进行协商解决，但业主还是从合同的角度驳回了A公司的请求。

鉴于以上情况，A公司通过多渠道与业主进行沟通，争取业主的理解与支持，经过一番努力，业主有关方面开始有初步同意的意向。在业主的授意下，该公司于2006年6月25日再次向业主递交了火炬分液罐分片空运交货加快费补偿请求，并递交了详细的费用分解清单。经过A公司的进一步努力，业主终于同意与A公司进行商谈。2006年7月23日和24日双方在该国首都召开了专题会议研究讨论该笔费用增加事宜，经双方努力，业主同意补偿A公司大部分的加快费用。在此后与业主的几次项目变更索赔讨论会上，业主都一再明确已经对该项索赔费用补偿予以了确认并表示将尽最大努力争取政府能矿部的批准，以便尽快给A公司签发正式文件。2006年12月中旬，业主终于说服当地政府能矿部，并得到了政府的最终批准。2006年12月下旬，业主最终正式向A公司签发了关于补偿承包商该项加快费的文件。

【评述】该案例涉及非常规索赔方式。按照国际工程建设项目合同的一般性约定，承包商有义务在无法完成工期的情况下采用非常规措施加快进度，如空运货物、增加人员机具和加班加点等，而业主可以不对非常规措施导致的额外费用进行补偿，即承包商无权索赔该笔费用。但在此案中，为了完成业主要求的非常规工期，承包商采用了非常规的关键设备运输方式，使业主能够按计划投产运营项目并提早获利，这些都是承包商成功获得业主索赔的关键因素，试想如果业主因为各种原因未能在项目移交后投入运营和获利，即使承包商采用了非常规措施保证了项目按期完工，则索赔的结果很有可能大相径庭。因此，虽然该案例中承包商索赔成功，但并不能说明它具有普遍适用性，相反，承包商应尽可能避免在工期极端不合理的情况下冒险承揽项目，以防止造成未能按时完工遭受巨额延期罚款或采用非常规措施加快进度而无法对额外费用获得补偿。

四、私人路权处理案例

【案例】某海外产油国输油管线项目由国内大型国际工程公司承建，该输油管线路径穿越整个产油国境内，管线沿线地区地形和路权都较为复杂，其中包括一处穿越当地王室私人所有的跑马场。某年 4 月，管线施工分包商与跑马场所有人进行会谈磋商，提出可以通过两种方式解决路权问题，一是直接对需要改建的跑马场设施给予补偿，二是由管线施工分包商直接负责跑马场设施的改建工作。经过会谈，跑马场所有人同意第二种方案，并于 4 月 9 日和 4 月 15 日两次致函管线施工分包商有关跑马场改建工作的要求，施工分包商在收到信函后立即通过总承包商转发业主，并随信附上重建工作的估算费用。在没有收到总承包商和业主确认的情况下，施工分包商与跑马场所有人再次接触并达成一致，自行开始了跑马场改建工作。5 月 24 日，业主在与跑马场所有人沟通后口头通知总承包商跑马场路权事宜另有安排，总承包商随即通知了管线施工分包商。5 月 31 日，业主来函通知承包商，业主将自行雇佣一家第三方公司承建跑马场改建工作。按照业主与总承包商签署的主合同，业主有义务向负责跑马场改建的第三方公司支付跑马场改建工作的所有费用。鉴于管线施工分包商已实际完成了部分跑马场改建工作，承包商于 7 月 7 日正式向业主提出费用索赔申请。业主在接到申请后认为管线施工分包商的单价与业主雇佣的第三方公司报价相比过高，并指出管线施工分包商的工作并没有获得业主的批准，因此拒绝接受费用申请。承包商在收到业主的回复后与管线施工分包商协商，重新修改费用索赔数额，再次报业主批准。业主在接到承包商的第二次申请后，仍旧拒绝支付该索赔费用。在几经与业主谈判无果的情况下，管线施工分包商与总承包商协商同意暂时搁置该项索赔，如最后无法获得补偿将自行承担该损失。

【评述】该案例涉及私人路权处理问题。在国际工程建设项目中，授予施工现场的占用权和使用权是业主对承包商的一项重要义务。在一些施工现场纵深较长的工程项目中（如管线项目），承包商遇到需要处理私人路权的情况较多，如何较好地处理现场路权问题将直接决定项目的工期进度，因此不容业主和承包商忽视。在本案中施工分包商在未通知承包商和业主的情况下单方面与跑马场所有人达成协议，同时在未得到业主和承包商批准的情况下自行开始了跑马场的改建工作，这些都使得施工分包商最后未能获得业主对其已完成工作的补偿，可见，在处理私人路权问题时，及时通知业主和承包商并获得其批准是必不可少的。

五、工程保险范围案例

【案例】某欧洲公司投标一原油海上装船系统 EPC 项目。按照合同条款，工程一切险及第三者责任险由业主投保。在合同谈判过程中，投标商要求业主提供工程一切险保单条款，业主在随后的澄清会上将工程一切险保单非最终版提供给投标商，在审查工程一切险保单条款后，投标商认为该保险条款不能覆盖其施工过程中所面临的所有风险，增加补充保险十分必要。此时合同谈判已进入最后阶段，除最大合同责任问题外，其他各项内容均已达成一致。为了尽快获得项目并签署合同，在获得公司董事会批准后，投标商致函业主，表示同意承担最大为全部合同额的合同责任，但同时要求业主同意其投保补充保险，保险费用由业主承担。项目成功授标后，业主将工程一切险正式保单提供给该公司，该公司经过与保险公司协商后确定了补充保险条款及保费后提交业主，而业主以合同中规定“由业主投保的保险将以实际保单中的规定为限，保单未覆盖的风险将由承包商承担”为由拒绝了该申请。承包商回函引用合同中有关保险条款指出，业主投保的工程一切险应涵盖“工程完工前包括保修期在内的所有可投保财产的物理损失”，同时将投标商之前发给业主的信函作为附件。经过双方多次磋商，最终业主同意将该部分补充保险费用支付给承包商。

【评述】本案例涉及工程一切险保险范围问题。在国际工程建设项目中，工程一切险一般由承包商投保，承包商可以在合同签订后就已确定的合同工作范围、合同条款和合同总价与保险公司就项目保险范围、保险条款、保费费率和免赔额等进行详细谈判，最大限度地将项目风险转嫁给保险公司。而由业主投保工程一切险的弊端在于承包商需要在报价时知道具体的保险范围和免赔额，如保险范围过小或免赔额过高则承包商就需要补充保险，并将该部分保费考虑到报价中，本案例中的争议就是由于业主投保工程一切险时未能涵盖合同约定的所有风险而导致承包商需要补充投保，业主也因此给予了承包商相应费用补偿。

参考文献

[1] 陈勇强，张水波．国际工程索赔［M］．北京：中国建筑工业出版社，2008.

[2] 王广月，毛守让．工程合同风险管理与索赔［M］．北京：中国水利水电出版社，2009.

[3] 宋宗宇．建设工程索赔与反索赔［M］．上海：同济大学出版社，2007.

[4] 成虎．建设工程合同管理与索赔［M］．4 版．南京：东南大学出版社，2008.

[5] 杨俊杰．工程承包项目案例精选及解析［M］．北京：中国建筑工业出版社，2009.

[6] 张国栋．建设工程工程量清单计价基本知识［M］．2 版．北京：机械工业出版社，2006.

[7] 王兆俊．国际建筑工程项目索赔案例详解［M］．北京：海洋出版社，2007.

[8] 赵浩．建设工程索赔理论与实务［M］．北京：中国电力出版社，2006.

[9] 杨良宜，莫世杰，杨大明．仲裁法——从 1996 年英国仲裁法到国际商务仲裁［M］．北京：法律出版社，2006.

[10]（英）雷德芬,（英）亨特，等．国际商事仲裁法律与实践［M］．4 版．林一飞，宋连斌，译．北京：北京大学出版社，2005.

[11] 张水波，何伯森．新版合同条件导读与解析［M］．北京：中国建筑工业出版社，2003.

[12] 田威．FIDIC 合同条件下应用实务［M］．2 版．北京：中国建筑工业出版社，2009.

[13] 成虎．建筑工程合同管理与索赔［M］．4 版．南京：东南大学出版社，2008.

[14] 冯大同．国际货物买卖法 [M]. 北京：对外贸易教育出版社，1993.